Sabine Hensold

DIE SCHÖNSTEN AUSFLÜGE

HITS FÜR KIDS IN AUGSBURG UND UMGEBUNG

56 Freizeittipps für die ganze Familie

W0012891

J. BERG

Inhalt

Abenteuer draußen

Wasser und Steine – mehr brauchen Kinder nicht zum glücklich sein.

Inhalt

Ist ja nur Matsch …!

Abenteuer drinnen

Inhalt

Schwimmbäder und Badeseen

Feste

»Fröschlein hüpf!«

Vorwort

Sie möchten mit Ihrer Familie einen erlebnisreichen und erholsamen Ausflug zwischen Augsburg, Nördlingen und Neu-Ulm unternehmen? Sie möchten aber nicht lange nach einem schönen Ausflugsziel suchen? Dann halten Sie die richtige Lektüre in Händen. Egal ob für Wissensdurstige, Bewegungshungrige, Kulturfreaks, Badenixen oder Wassermänner – mithilfe dieses Freizeitführers finden Familien bei Sonnen- und Schmuddelwetter schnell das passende Ausflugsziel.

Dieser Ausflugsführer möchte Familien Tipps beim Gestalten eines aktiven, lehrreichen und vielseitigen Freizeit- und Urlaubsprogramms geben. Wenn der Kindergeburtstag Ihrer Lieben nicht zu Hause, sondern an einem besonderen Ort stattfinden soll, können Sie den Führer ebenfalls gut zurate ziehen – mittlerweile bieten die meisten Einrichtungen Geburtstagsfeiern an. Schließlich hilft er allen, die beruflich mit Kindern zu tun haben, ein tolles Ausflugsziel zu finden.

Landschaftliche Vielfalt

Die Region nördliches Bayerisch-Schwaben ist in vielerlei Hinsicht einzigartig. Das von Römern gegründete Augsburg reiht sich in die Liste der ältesten Städte Deutschlands ein. Der zweitlängste Fluss Europas, die Donau, fließt durch die Region – und nicht zuletzt zählt das Nördlinger Ries zu den am besten erhaltenen Meteoritenkratern der Erde. Dazwischen liegen viele sehenswerte Städte und wunderschöne Landschaften unterschiedlichen Charakters wie das hügelige Waldgebiet des »Naturparks Augsburg – Westliche Wälder«, die Seenlandschaft entlang der Donau, die Flusslandschaften an Lech, Wertach, Schmutter, Mindel, Kammel, Günz, Iller und Wörnitz und die Schwäbische und Fränkische Alb.

Nicht nur für die Kinder

Diese Vielfalt des Natur- und Kulturraumes schlägt sich in einer großen Bandbreite an verschiedenartigen Ausflugsmöglichkeiten nieder. Neben populären Zielen wie das Legoland oder die Augsburger Puppenkiste möchte der Führer auch weniger bekannte Freizeitziele vorstellen. Beim Testen der abseits vom Trubel gelegenen Touren verbrachten wir herrliche, mit wenig Kosten verbundene und den ganzen Tag füllende Ausflüge.

Wir haben über 50 Freizeitziele besucht, auf Kindertauglichkeit getestet und ausgewählt. Was aber nicht heißen soll, dass nur die Kinder auf ihre Kosten kommen. Ganz im Gegenteil! Die Ausflüge begeistern Eltern und Kinder gleichermaßen. Eltern profitieren doppelt. Sie selbst haben Spaß und Erholung und erfreuen sich gleichzeitig an glücklichen und zufriedenen Kindern. Also nichts wie los!

Zum Gebrauch des Führers

Alle Ausflüge sind ausführlich beschrieben und mit Infokästen versehen, die alle wichtigen Daten zur Tour beinhalten. Bei Wanderungen und Radtouren zeigen Karten den Routenverlauf. Tippkästen beinhalten Zusatzinformationen oder Zusatztipps.

Manche der beschriebenen Touren dauern einen halben bis ganzen Tag, andere wiederum nur wenige Stunden. Wir empfehlen deshalb, Ausflugsziele gegebenenfalls zu kombinieren. Dabei hilft die Übersichtskarte. Sie zeigt, wo die einzelnen Tipps liegen. Manchmal lässt sich ein Ausflug auch wunderbar mit dem Besuch eines Schwimmbads, Badesees oder Festes verbinden. Im Kapitel »Abenteuer drinnen« werden überwiegend Museen vorgestellt. Viele denken jetzt vielleicht an verstaubte, langweilige Ausstellungshallen. Dem ist aber ganz und gar nicht so. Im Bereich Museumspädagogik hat sich in den letzten Jahren viel getan. Dank interaktiver Mitmach-Stationen, Hörspielen, Filmen und Museumslehrpfaden sind die Museen für Kinder durchwegs interessant, anregend und lehrreich. Oft werden spezielle Kinderführungen angeboten.

Beachten Sie bitte, dass sich Angaben wie Preise, Öffnungszeiten und Telefonnummern ändern können. Am besten schauen Sie vor dem Besuch einer Einrichtung im Internet nach, ob es eine Änderung gab.

Die Altersempfehlungen in den Infokästen sind Richtwerte. Letztendlich können Eltern am besten einschätzen, welche Touren für ihre Kinder infrage kommen. Unsere Erfahrung hat gezeigt, dass man viele Tipps unabhängig von der Altersempfehlung sowohl mit kleinen als auch mit größeren Kindern machen kann. Jedes Kind erlebt das Ausflugziel auf seine, dem Alter gerechte Art und Weise. Da sich die Interessenschwerpunkte mit dem Alter verschieben, können Sie die Touren durchaus öfters unternehmen.

Die Angabe der Dauer bezieht sich abgesehen von den Lehrpfaden (= inkl. Stationen) auf die reine Geh- oder Radelzeit. Sie ist ein Durchschnittswert, der je nach Alter der Kinder variieren kann. Pausen sind nicht inbegriffen. Alle Einrichtungen können mit dem Kinderwagen besucht werden. Da mittlerweile der Großteil der Pkws mit Navigationsgeräten ausgestattet ist, wurde bei den meisten Zielen die Postleitzahl mit angegeben.

Die richtige Ausrüstung …

… ist natürlich abhängig von der Art des Ausflugs. Bei einer Tour im Freien sollte man zunächst auf bequeme Kleidung und gutes Schuhwerk achten. Natürlich gehört auch Regenkleidung mit in den Rucksack. Ganz wichtig sind Getränke und alles, was zu einer ausgiebigen Brotzeit gehört. Kleinigkeiten für zwischendurch (Nüsse, Obst, Müsliriegel) können nicht schaden. Eine Decke fürs Picknick und eine Plastiktüte für den Abfall sollte man auch mit dabeihaben.

Einige Touren verlaufen teilweise auf Wegen ohne oder mit nur sehr wenig Schatten. Sie sollten deshalb Sonnencreme und Kopfbedeckung nicht vergessen. Wenn Wasser mit im Spiel ist, kann es schnell passieren, dass Hose und Jacke nass werden. Um hierfür gerüstet zu sein, entweder gleich Matschklamotten anziehen oder Ersatzkleidung mit im Gepäck haben. Wo Wasser ist, sind auch meist Stechmücken. Mückenschutzmittel halten diese auf Distanz. Für den Fall der Fälle bitte an Verbandszeug, Pflaster, Zeckenzange, Salbe gegen Insektenstiche etc. denken.

Wer möchte, kann noch eine Wander- oder topografische Karte, ein Notizbüchlein, Pflanzen- und Tierbestimmungsbücher mitnehmen. Bei Ausflügen, bei denen Tiere beobachtet werden können, ist ein Fernglas toll. Wer noch Platz im Rucksack hat, kann außerdem Fußball, Federballspiel, Becherlupe, Sandspielzeug etc. einpacken.

Bei schönem Wetter unbedingt Badesachen im Auto deponieren. Denn gerade nach einer Wanderung springt man gerne in einen erfrischenden See oder ein Freibadbecken. Badesachen können sich auch als Helfer in der Not erweisen, wenn beispielsweise ein Museum wider Erwarten geschlossen hat. Ein nahe gelegenes Hallen- oder Erlebnisbad kann dann gut als Lückenfüller herhalten.

Schließlich möchten wir Ihnen eines ganz besonders ans Herz legen: Planen Sie bei Ihren Ausflügen etwas mehr Zeit ein. Geben Sie Ihren Kindern Gelegenheit für eigene Entdeckungen. Bekanntlich ist der Weg das Ziel. Es gibt viel Schönes und Aufregendes am Wegesrand. Kinder haben ihre Freude an kleinen Bächen, Steinen, Stecken, Brunnen und Kletterfelsen. Gönnen Sie sich viele Brotzeitpausen. Machen Sie ausgedehnte Picknicks beispielsweise mit Ballspielen oder kehren Sie gemütlich in Biergärten mit Kinderspielplätzen ein.

Ganz herzlich danken möchte ich meinem Mann und meinen beiden Söhnen, die mich bei allen Ausflügen begleitet haben. Wochenende für Wochenende sind wir losgetigert, um die Touren auf Herz und Nieren zu testen. Wir hatten viel Spaß und lernten viele Flecken unserer schönen Heimat noch besser kennen. Mein Dank gilt auch den Familien, die die ein oder andere Tour gemeinsam mit uns unternommen haben.

🐷	Spartipp	🚼	auch für kleine Kinder geeignet
🔥	Abenteuer	🐰	Unternehmungen mit Tieren
💡	Lehrreiches	🚲	Fahrradtouren
	Schwimmbäder		Badeseen
	Feste & Veranstaltungen	〰	Unternehmungen am Wasser
	Wanderungen		Kulturelles

Abenteuer, Spiel und Spaß am Wasser

Abenteuer draußen

1 Ringsherum und hoch hinauf

Unterwegs in der mittelalterlichen Stadt Nördlingen

Wer Nördlingen besucht, sollte eine Menge Zeit mitbringen. In der über 1100 Jahre alten Stadt gibt es viel Interessantes zu entdecken, beispielsweise Deutschlands einzige vollständig erhaltene und komplett begehbare Stadtmauer.

Es spielt eigentlich keine Rolle und bleibt jedem selbst überlassen, wo er die Stadtbesichtigung beginnen möchte. Wir wollen als Erstes auf die Stadtmauer und Nördlingen umrunden. Wir betreten die Stadtmauer über das Baldinger Tor. Genauso gut gelangt man über eines der vier anderen Stadttore Löpsinger, Deininger, Reimlinger oder Berger Tor auf die ehemalige Verteidigungsanlage. Von auswärts kommend erreichen Besucher die Stadttore praktisch von ganz allein – einfach Kurs auf die Innenstadt nehmen. Vor den Toren gibt es genügend Parkplätze. Die Stadtmauer ist bis auf kurze Strecken durchgehend überdacht und somit auch eine Option bei Regen- oder Schneewetter.

■ **Anfahrt:** In Nördlingen eines der fünf Stadttore anfahren und dort parken

■ **Öffnungszeiten:** Stadtmauermuseum: April bis Anfang November Di–So 10–16.30 Uhr, »Daniel«: April bis Juni, September, Oktober Mo–So 9–18 Uhr, Juli, August Mo–So 9–19 Uhr, November bis März 9–17 Uhr

■ **Preise:** Stadtmauermuseum: Erwachsene 2 Euro, Kinder 1,40 Euro, »Daniel«: Erwachsene 2,50 Euro, Jugendliche (6–15 Jahre) 1,70 Euro

■ **Altersempfehlung:** Ab Kindergartenalter

■ **Stadtführungen:** Treffpunkt Tourist-Information: Von Karsamstag bis 1. November täglich um 14 Uhr (mind. 3 Teilnehmer, ab 15 Teilnehmer Voranmeldung), im Advent Sa, So jeweils um 14 Uhr, spezielle Kinderstadtführungen bitte beim Touristikbüro erfragen

■ **Informationen:** Touristikbüro, Tel. 09081/841 16, www.noerdlingen.de, Stadtmauermuseum: Tel. 09081/91 80; »Daniel«: Tel. 09081/27 18 13

■ **Einkehr:** »Café Berger Thor«, Cafés, Eisdielen, Gaststätten in der Innenstadt

Weithin sichtbar – der Daniel von Nördlingen

Beim Spaziergang auf der Wehranlage bekommen wir einen ersten Eindruck von der Größe und dem Aussehen der mittelalterlichen Stadt. Reizvoll sind die romantischen Gassen mit Fachwerkhäusern und liebevoll angelegten Gärten. Für Kinder wird die Runde besonders kurzweilig durch das Laufen von Schießscharte zu Schießscharte. Die teilweise sehr schmalen Maueröffnungen lassen uns auf Gräben und Grünanlagen blicken, die der Stadtmauer vorgelagert sind. Bei der etwa 2,7 Kilometer langen Rundtour passieren wir neben den fünf Toren eine Bastion und elf Türme, darunter die Backofen- und zwei Wassertürme. Wer die Runde nicht ganz gehen möchte, kann sie an jedem Tor oder beim Durchgang an der Alten Bastei abbrechen.

Unterwegs treffen wir auf das Café »Berger Thor«, das sich im Innern des gleichnamigen Torturms befindet (Öffnungszeiten: Mai bis Oktober täglich außer Montag). Auf der großen Sonnenterrasse genießen wir Kaffee und selbst gemachten Kuchen. Der Besitzer des Cafés betreibt eine Münz-

Auf der Nördlinger Stadtmauer

sägewerkstatt. Er sägt in Handarbeit Schmuckanhänger aus Geldstücken aus aller Welt aus. Interessierte dürfen gern zusehen.

Gleich unterhalb des Cafés im Stadtgraben liegt der Nördlinger Minigolfplatz. Wer Zeit und Lust auf eine Partie Minigolf hat, kann sich hier an den 18 Bahnen vergnügen (Öffnungszeiten: Ostern bis Herbst: Sa, So 10.30– 21 Uhr, Mo 16–21 Uhr, Di–Fr 10.30–21 Uhr in den bayerischen Ferien, Di–Fr 14–21 Uhr außerhalb der bayerischen Ferien).

Das vorletzte Tor unseres Rundgangs, das Löpsinger Tor, hält noch ein kulturelles »Schmankerl« für uns bereit. Dort ist das Stadtmauermuseum untergebracht. Das überregional bedeutende Wehrkundemuseum zeigt die Geschichte und Bedeutung der Nördlinger Stadtmauer. Auf sechs Etagen sind unter anderem Uniformen aus dem 17. und 19. Jahrhundert, eine Kanone, ein Diorama der legendären Schlacht bei Nördlingen sowie ein Modell der Stadtmauer zu sehen. Vom 42 Meter hohen Turm haben wir einen tollen Ausblick auf die Altstadt sowie den Rieskrater.

Dies war jedoch nur ein Vorgeschmack. Denn nach Vollendung des Rund-
kurses haben wir uns die Besteigung des »Daniels« vorgenommen. Der
»Daniel« ist der Glockenturm der spätgotischen St. Georgskirche inmitten der Stadt. Seinen Namen erhielt er aus dem Volksmund. Von den Toren
gelangt man zum »Daniel«, indem man einfach stadteinwärts geht und
auf den Kirchturm zusteuert. Der Eingang zum Turm befindet sich an der
Nordseite der Kirche. Tief durchatmen und los geht's. Wir müssen 350 Stufen erklimmen, bevor wir oben in rund 90 Metern Höhe mit einer grandiosen Sicht auf die Stadt und
das Ries belohnt werden. Kurz
unterhalb der Turmspitze hat
der Türmer sein Zuhause. Seit
jeher wohnt er dort oben. Der
Türmer hat die verantwor-
tungsvolle Aufgabe, über die
Stadt zu wachen. Gemäß der
Tradition ruft er zwischen
22 Uhr und Mitternacht jede
halbe Stunde »So, G'sell, so« in
die Nacht hinaus. Der nette
Türmer erklärt uns, was es mit
dem Ausruf auf sich hat. Nach
dem weniger anstrengenden
Abstieg bummeln wir gemütlich durch die hübsche Innenstadt.

Mehr über Nördlingen kön-
nen Kulturhungrige bei einer
Stadtführung erfahren. Der
Rundgang führt durch die Altstadt mit dem malerischen
Gerberviertel, dem Rathaus
mit der Renaissance-Freitrep-
pe, dem »Klösterle« und vie-
lem mehr.

*Die Stadtmauer trennt die Altstadt von der
»neuen« Stadt*

2 Mit Volldampf voraus

Im Bayerischen Eisenbahnmuseum in Nördlingen

18 478, 44 546, 52 8168? Was sich hinter diesen Zahlen verbirgt, erfahren Lokomotiven-Liebhaber im Bayerischen Eisenbahnmuseum. Dort sind über 200 historische Schienenfahrzeuge aus dem 20. Jahrhundert ausgestellt.

Lokomotiven und Waggons so weit das Auge reicht. Kein Wunder, denn das Bayerische Eisenbahnmuseum zeigt die größte Privatsammlung historischer Schienenfahrzeuge im süddeutschen Raum und zählt damit zu den bedeutendsten technikhistorischen Museen in Deutschland.

Tipp

Ein besonderes Erlebnis: Drei Mal pro Jahr finden die **Rieser Dampftage** statt. Verschiedene Dampflokomotiven sind im Betrieb zu erleben. Ein Ehrenlokführerschein kann erworben werden. Die Termine stehen unter www.bayerisches-eisenbahnmuseum.de.

Im Freilandmuseum sind Dampf-, Elektro- und Diesellokomotiven, Elektro- und Dieseltriebwagen sowie Draisinen und Nebenfahrzeuge ausgestellt. Aus nächster Nähe können wir beispielsweise die älteste betriebsfähige Regelspur-Dampflokomotive, die Dampflok »Füssen« aus dem Jahr 1889 sowie einen denkmalgeschützten Lokalbahnwagen von 1903 bestau-

---

■ **Anfahrt:** Aus Richtung Augsburg: Ausfahrt Nördlingen-Süd, Wegweiser Würzburg und dann den Hinweisschildern folgen. Aus Richtung Nürnberg/Stuttgart/Würzburg: Wegweiser Augsburg und Wemding und dann den Hinweisschildern folgen

■ **Öffnungszeiten:** März, April, Oktober Sa 12–16 Uhr, So, Feiertage 10–17 Uhr, Mai bis September Di–Sa 12–16 Uhr, So, Feiertage 10–17 Uhr

■ **Preise:** Erwachsene 5 Euro, Kinder (5–14 Jahre) 2,50 Euro (abweichende Eintrittspreise bei Sonderaktionen)

■ **Altersempfehlung:** Ab 3 Jahren

■ **Anschrift:** Am Hohen Weg 6a, 86720 Nördlingen

■ **Informationen:** Tel. 09083/340, info@bayerisches-eisenbahnmuseum.de, www.bayerisches-eisenbahnmuseum.de

nen. Zum Teil sind die Fahrzeuge und Führerstände begehbar. Was für ein Abenteuer: Wir dürfen auf riesige Lokomotiven klettern und würden am liebsten gleich loszischen. Neben den Schienenfahrzeugen erwarten uns der 15-ständige Lokschuppen, die Drehscheibe, ein Wasserturm sowie alte Werkstätten.

Seit 1985 befindet sich das Bayerische Eisenbahnmuseum auf dem Gelände des ehemaligen Bahnbetriebwerkes in Nördlingen. Bereits 1849

entstand hier eine Werkstätte für die Instandhaltung von Lokomotiven und Wagen. Die Anlagen wurden bis 1937 ständig erweitert. Der Luftkrieg in den Jahren 1944 und 1945 zerstörte weite Teile des Betriebswerkes. In den Jahren bis 1949 wurden die Anlagen teilweise modernisiert wieder aufgebaut. Schon 1966 endete die planmäßige Unterbringung von Dampflokomotiven. Die zunehmende Elektrifizierung machte Dieseltriebfahrzeuge immer entbehrlicher, sodass das Be-

Jim Knopf lässt grüßen!

triebswerk 1982 als eigenständige Dienststelle geschlossen wurde. Im Jahr 1985 erfolgte die Auslagerung der Bahnmeisterei, und schließlich gab man den Betrieb als Außenstelle des Betriebswerkes Augsburg auf.

Das Bayerische Eisenbahnmuseum möchte einen realistischen Eisenbahnbetrieb zum Anfassen, Miterleben und Fühlen vergegenwärtigen. Das ist den Betreibern des Museums wirklich gelungen. Schritt für Schritt konnte der Verein einen Großteil der demontierten oder stillgelegten Einrichtungen und Gleisanlagen wieder in Betrieb nehmen. Wir hatten Glück und konnten bei unserem Besuch zusehen, wie Mitglieder des Museumsvereins Lokomotiven instand setzten – nebenbei standen sie unseren Fragen Rede und Antwort.

Tipp

Auf zwei Bahnstrecken findet **Museumsbetrieb** statt. In historischen Dampfloks geht es durch das Nordries bis ins angrenzende Frankenland. Streckenverlauf, Fahrpläne und Preise unter www.bayerisches-eisenbahnmuseum.de.

19

3   Den Planeten auf der Spur

Mit dem Rad durch den Meteoritenkrater Ries

Der Planetenweg verläuft vom Nördlinger Zentrum bis zum Bockberg bei Harburg. Er veranschaulicht die gigantischen Entfernungen und Größen unseres Sonnensystems.

Die Tour beginnt an der Nordseite des Wahrzeichens von Nördlingen, der St. Georgskirche. Hier steht die erste Infotafel zur Sonne. Die Laternenkuppel des Kirchturmes verkörpert modellhaft die Sonne. Mit einem Durchmesser von 3,50 Metern bestimmt sie den Maßstab für die Darstellung der Planeten und deren Entfernungen. Der Zwergplanet Pluto liegt real etwa 6 000 000 000 Kilometer von der Sonne entfernt. Beim Planetenweg wurde diese Entfernung maßstabsgerecht auf rund 22 Kilometer umgesetzt.

- ■ **Anfahrt:** Auto: Auf den Bundesstraßen B 25, B 29 oder B 466 nach Nördlingen. Parkplätze an der Kirche oder an den fünf Stadttoren. Bahn: Etwa zehn Minuten vom Bahnhof bis zum Stadtzentrum
- ■ **Ausgangspunkt:** St. Georgskirche im Stadtzentrum
- ■ **Endpunkt:** Bockberg bei Harburg
- ■ **Rückkehr:** Von Harburg mit der Regionalbahn oder mit dem Rad – am schnellsten am Radweg entlang der B 25
- ■ **Weglänge:** Etwa 22 Kilometer
- ■ **Dauer:** Etwa 2 Std. 30 Min.
- ■ **Tourencharakter:** Die Tour verläuft auf Radwegen und Nebenstraßen, zu Beginn größtenteils eben, gegen Ende drei steilere Passagen, kein Schatten, für Radanhänger geeignet
- ■ **Öffnungszeiten/Preise:** Der Planetenweg ist ganzjährig frei zugänglich
- ■ **Altersempfehlung:** Zum Selberradeln ab 7 Jahren
- ■ **Radverleih:** Zweirad Müller, Gewerbestr. 16, 86720 Nördlingen, Tel. 09081/56 75, ab 8 Euro pro Tag
- ■ **Informationen:** Rieskrater-Museum Nördlingen, Tel. 09081/273 82 20, www.rieskratermuseum.de
- ■ **Einkehr:** Viele Möglichkeiten an der Wegstrecke

Auch Schlafpausen müssen sein.

Wir radeln links an der Kirche vorbei, etwa 100 Meter weiter geradeaus und treffen am Schäfflesmarkt auf den ersten Planeten, den Merkur. Eine Stele informiert über den sonnennächsten und zweitkleinsten Planeten. Derartige Info-Stelen stehen an jeder Station.

Um zum nächsten Planeten, der Venus, zu gelangen, fahren wir weiter geradeaus und queren die nächste Kreuzung. Die Spannung steigt, denn nun folgt unser Heimat-Planet. Wir radeln durch das Reimlinger Tor, bie-

gen nach etwa 50 Metern links in einen Fußweg ein und treffen auf die Erde. Von hier hat man einen wunderbaren Blick auf die noch vollständig erhaltene Stadtmauer, die Nördlingen mit einem Durchmesser von einem Kilometer umschließt. Die Erdumlaufbahn entspricht in etwa dem Verlauf der Stadtmauer.

Wir orientieren uns an der blauen Markierung und biegen bei der nächsten Kreuzung rechts ab in die Oskar-Mayer-Straße. Die Straße macht bald eine Linkskurve, der wir folgen. Geradewegs kommen wir zum Mars.

Etwa 250 Meter nach dem Mars stoßen wir auf die Station »Planetoiden oder Asteroiden«. Hier beginnt ein breiter Radweg. Die Entfernungen zwischen den Stationen werden jetzt größer. Eine leichte Steigung führt zum Stiftungskrankenhaus hinauf. Am Ende des Krankenhausparkplatzes befindet sich Jupiter, der größte Planet unseres Sonnensystems.

Weiter geht es nach Reimlingen. Wir müssen zunächst eine kleine Anhöhe hinaufradeln. Die Steigung ist schnell überwunden und es folgt eine lange Abfahrt, die richtig Laune macht. In Reimlingen biegen wir an der Kreuzung zur Hauptstraße rechts ab und fahren geradeaus bis zu einer scharfen Linkskurve. Hier nehmen wir die Straße rechts und stehen sogleich auf einem kleinen Platz mit einer großen Eiche. Wir sind nun beim Planeten Saturn angekommen. Der Standort ist ein herrlicher Brotzeitplatz. Vor allem im Sommer spendet die ausladende Eiche kühlen Schatten.

Tipp

Als Ergänzung zum Planetenweg bietet sich ein Besuch im **Rieskrater-Museum** in Nördlingen an. Es informiert über die Entstehung des Rieses, des Weltalls und vieles mehr (siehe Tour 28).

Wir kehren zur Hauptstraße zurück und fahren auf dieser geradeaus durch den Ort. Nach Verlassen des Ortes biegen wir rechts auf die Staatsstraße ab und dann gleich wieder links auf die Landstraße in Richtung Balgheim. In Balgheim führen uns die blauen Pfeile zur nächsten Station, dem Uranus.

Leicht bergauf geht die Route weiter in Richtung Merzingen. Wir radeln durch den Ort und folgen den Wegweisern nach Mönchsdeggingen. Nach Merzingen folgt eine landschaftlich sehr reizvolle Strecke mit wunderbaren Blicken auf den bewaldeten Kraterrand. Von Weitem sehen wir das

Kloster von Mönchsdeggingen. In dem Klosterort erreichen wir nach insgesamt ca. 12,5 Kilometern den Planeten Neptun.

Wir verlassen Mönchsdeggingen und halten uns an der nächsten Abzweigung links. Auf dem Radweg geht es nach Ziswingen. Von der Hauptstraße biegen wir am Wegweiser Kleinsorheim rechts ab und dann gleich wieder links. Nach Verlassen des Ortes Kleinsorheim geht es steil den Berg hinauf. Der Weg führt durch eine ruhige Landschaft mit Felsen und Baumkuppen. Kurz vor Großorheim fahren wir rechts und gelangen zum bisher steilsten

Infostelle zur Venus

Abschnitt der Tour. Der weitere Weg führt uns nach Möggingen. Nach Durchfahrt des Ortes biegen wir rechts ab. Nun folgt wiederum ein steiles Wegstück. Nach etwa 500 Metern zweigt die Route links ab auf einen bewaldeten Feldweg. Langsam naht das Ziel der Tour. Am Ende des Feldwegs befindet sich auf einer Anhöhe der Zwergplanet Pluto.

Wer möchte, kann die nur noch wenigen Meter zum Gipfel des Bockbergs (570 m über Seehöhe) hinaufgehen. Dort bietet sich ein herrlicher Ausblick über das Ries.

Die Tour lässt sich wunderbar abrunden mit einem Besuch der Waldschenke »Eisbrunn« – einfach weiter auf der Asphaltstraße und an der nächsten Abzweigung rechts abbiegen. Links geht es zur imposanten Burg Harburg und zum Bahnhof von Harburg (der Bahnhof liegt beim Märker Zementwerk).

4 Mit Hammer und Meißel

Fossiliensuche im »Besuchersteinbruch Mühlheim« im Naturpark Altmühltal

Wir fühlen uns wie große Forscher, als wir gerüstet mit Hammer und Meißel das Steinbruchgelände bei Mühlheim im Gailachtal betreten. Wir sind sehr gespannt, mit welchen Fossilienschätzen wir wieder nach Hause gehen.

Das Schöne vorweg: Im Besuchersteinbruch Mühlheim wird jeder garantiert fündig. Niemand verlässt den Steinbruch ohne Fossil in der Tasche. Und so ist es dann auch. Nach nur wenigen Minuten halten wir die erste Platte mit einem kleinen Ammoniten in der Hand. Unser Entdeckergeist ist voll geweckt, unsere Neugier steigt.

Der Steinbruchbetreiber stellt seinen Besuchern eine Fläche von etwa 3200 Quadratmetern zur Fossiliensuche in den anstehenden Mörnshei-

---

■ **Anfahrt:** B 2, Ausfahrt Monheim-Süd, Richtung Neuburg-Rennertshofen, Abzweigung Rögling, Richtung Eichstätt-Rögling, in Rögling links in Richtung Mörnsheim-Mühlheim abbiegen, in Mühlheim braunen Wegweisern folgen, ca. 2,5 Kilometer nach Ortsende Mühlheim rechts abbiegen und weiter ca. 1 Kilometer zum Parkplatz des Steinbruchs

■ **Ausrüstung:** Hammer und Flachmeißel (gegen Gebühr ausleihbar), Handschuhe, Zeitungspapier, Lupe, Kiste, Sekundenkleber, Bleistift, Sonnenschutz bei heißem Wetter (evtl. Sonnenschirm)

■ **Öffnungszeiten:** April bis Oktober täglich 10–16 Uhr

■ **Preise:** Erwachsene 5 Euro, Kinder 3 Euro, Familien (inkl. 2 Kinder) 10 Euro, alle Preise gelten ganztägig

■ **Altersempfehlung:** Ab 3 Jahren

■ **Anschrift:** Südwestlich von 91804 Mühlheim bei Mörnsheim

■ **Informationen:** Roland Pöschl, Tel. 09145/83 90 42, Mobil: 0160/91 42 91 82, krautworst.fossils@t-online.de, www.besuchersteinbruch.de

■ **Einkehr:** Grillmöglichkeit im Steinbruch, kleine Speisen können bis Mittag bei der Kasse bestellt werden

---

mer Schichten zur Verfügung. Jeder Besucher kann sich hier ein nettes Plätzchen zum Klopfen aussuchen. Weitere 800 Quadratmeter sind wissenschaftlichen Lehr- und Forschungsgrabungen vorbehalten. Die Gesteine der Mörnsheimer Schichten beinhalten eine reiche Flora und Fauna aus dem Oberen Jura (vor ca. 150 Millionen Jahren), beispielsweise Ammoniten, Fische, Tintenfische, Krebse, Seeigel, Kieselschwämme, Zähne und Pflanzen. Manche Besucher finden sogar Knochen, die sie allerdings nicht behalten dürfen. Sie müssen zur weiteren Untersuchung an das Paläontologische Institut in München übergeben werden.

Das Fachpersonal zeigt uns, wie wir die Kalksteinplatten mit Hammer und Meißel richtig spalten. Neben dem Werkzeug sollten die Besucher Handschuhe, Zeitungspapier zum Einpacken und eine stabile Kiste zum Transportieren dabeihaben. Eine Lupe hilft, dass wir kleine Funde nicht übersehen. Wenn ein geborgener Fund in einzelne Stücke zerbricht, hält diese ein mitgebrachter flüssiger Sekundenkleber provisorisch zusammen. Oder man legt die Bruchstücke passend aneinander, nummeriert die Stücke und zieht mit einem Bleistift, der auch mit im Gepäck sein sollte, Passlinien quer über die Brüche.

Steineklopfer bei der Arbeit

Auf dem Steinbruchgelände befinden sich zudem ein Sandkasten und eine Rutsche. Überdachte Sitzmöglichkeiten bieten ausreichend Platz für eine herzhafte Brotzeit. Eine Grillstelle ist ebenfalls vorhanden (Grillen aber bitte anmelden, Holzkohle selbst mitbringen).

Am Schluss gehen wir noch den Steinbruchlehrpfad entlang. Er informiert über die Industriegeschichte und Abbautechniken des regionalen Gesteins. Er gibt Tipps zur richtigen Fossiliensuche, Hintergrundinformationen zur zeitlichen Einordnung der Gesteinsschichten und zum ehemaligen Lebensraum im Jura-Meer.

Tipp
Wer von Fossilien noch nicht genug hat, kann das **Bürgermeister-Müller-Museum** im 5 Kilometer entfernten Solnhofen besuchen. Öffnungszeiten und Preise unter www.solnhofen.de. Für den Archaeopteryx muss man allerdings in das Eichstätter Jura-Museum.

5 Steinzeit, Römer und Mittelalter

Wanderung zu historischen Stätten am Riesrand

Die abwechslungsreiche Rundroute führt von der mittelalterlichen Burgruine »Alte Bürg« über den römischen Gutshof »Villa Rustica« hinauf zu den steinzeitlichen Ofnethöhlen.

■ **Anfahrt:** B 466 Nördlingen-Neresheim, ca. 2 Kilometer nach Hohlheim am Hinweisschild rechts abbiegen, gleich wieder links und den Schildern »Alte Bürg« folgen

■ **Ausgangs- und Endpunkt:** Parkplatz Waldgaststätte «Alte Bürg»

■ **Weglänge:** Etwa 5 Kilometer

■ **Dauer:** Etwa 3 Std.

■ **Tourencharakter:** Meist flaches Gelände, Ausnahme: steiler Anstieg zu den Ofnethöhlen mit ein wenig Klettern, Großteil der Wanderung ohne Schatten, mit Kinderwagen möglich

■ **Öffnungszeiten/Preise:** Der Weg ist ganzjährig frei zugänglich

■ **Altersempfehlung:** Ab 4 Jahren

■ **Einkehr:** Waldgaststätte »Alte Bürg« mit Biergarten

Wir parken an der Waldgaststätte »Alte Bürg«. Von dort gehen wir zum nahe gelegenen Weiher, an diesem entlang und an der ersten Wegkreuzung biegen wir am Hinweisschild »Ofnethöhlen« rechts ab. Mit Blick auf den Maienbach wandern wir leicht bergauf. Wenig später genießen wir einen ersten Blick auf den gegenüberliegenden Riegelberg mit den Ofnethöhlen und der »Villa Rustica«. Bei der kurz darauffolgenden Weggabelung gehen wir rechts und verlassen den Wald.

Es geht ein kurzes Stück am Waldrand entlang. An der nächsten Abzweigung biegen wir links ab und kommen auf einen geteerten, leicht abfallenden Feldweg. Diesen gehen wir bis zur Ortsverbindungsstraße nach Utzmemmingen. Vor der kleinen »Insel« mit drei Suevit-Steinblöcken (das Gestein, das beim Meteoriteneinschlag im Ries entstand) biegen wir rechts ab, gehen über die unscheinbare Brücke und nehmen nach wenigen Metern den linken Weg. An dieser Stelle bitte auf Autos achten, auch wenn die Straße wenig befahren ist. Nach einigen Schritten erreichen wir die Grundmauern des 560 Quadratmeter großen römischen Gutshofs

»Villa Rustica«. Der Villenkomplex, vermutlich aus dem 1. Jahrhundert n. Chr., umfasst ein Wohnhaus, ein Bad, fünf Wirtschaftsgebäude sowie eine Hofmauer.

Zu den Ofnethöhlen geht es den felsigen Südhang des Riegelberges hinauf. Unseren Kinderwagen haben wir oberhalb der »Villa Rustica« abgestellt. Der Weg wird immer steiler, und am Schluss müssen wir sogar ein wenig klettern. Kinder haben großen Spaß an der Klettereinlage. Oben angelangt, stehen wir vor der Öffnung der großen, 17 Meter langen Ofnethöhle. Die kleine, neun Meter

Abenteuer Höhlenentdeckung

tiefe Ofnethöhle liegt einige Meter rechts oberhalb. Um zu ihr zu gelangen, müssen wir über eine Felsstufe kraxeln. Ausgrabungen haben in beiden Ofnethöhlen altsteinzeitliche Werkzeuge mit reicher eiszeitlicher Tierwelt (Mammut, Höhlenbär) nachgewiesen. Weithin bekannt geworden sind die Höhlen durch die Entdeckung zweier Bestattungsstellen mit Schädeln im Jahre 1908.

Nun haben wir ungefähr die halbe Wegstrecke geschafft. Zeit für ein gemütliches Picknick. Gratis dazu gibt es einen herrlichen Panoramablick ins südwestliche Ries. Im Westen ist der markante, 668 Meter hohe »Ipf«

bei Bopfingen zu sehen. Ebenfalls beachtenswert ist die Vegetation. Auf dem Riegelberg wächst ausgedehnter Kalkmager- und Trockenrasen, wie er für den Riesrand typisch ist. Zwischen Wacholderbüschen blühen im Sommer Frühlingsenzian, Kugelblume und Küchenschelle.

Tipp
Zwischen dem Parkplatz »Alte Bürg« und der gleichnamigen Gaststätte gibt es linker Hand am Waldrand einen großen, schattenreichen **Abenteuerspielplatz** mit Grillstelle.

Für alle ohne Kinderwagen geht die Tour auf dem Höhenrücken des Riegelberges weiter. Wir steigen über den Ofnethöhlen noch ein kurzes Stück bergauf und biegen an der Einzäunung des aufgelassenen Steinbruchs »Fuchsloch« links ab. Diejenigen mit Kinderwagen nehmen den Weg, der am Fuße der Ofnethöhlen beginnt und zwischen Wacholderbüschen schräg zum Riegelberg hinaufführt. Oben treffen beide Wege wieder aufeinander.

Nach dem Zusammenschluss gehen wir bis zur nächsten Weggabelung. Dort biegen wir links ab und nach weiteren etwa 30 Metern nochmals links auf den Feldweg, der den Hang hinunter zur Ortsverbindungsstraße führt. Nach kurzer Wegstrecke geht der Kiesweg in einen geteerten Weg über. Bei der Kreuzung kurz vor Utzmemmingen biegen wir links ab, gehen bis zur Ortsverbindungsstraße und biegen dort erneut links ab.

Nach etwa 50 Metern nehmen wir den geteerten Feldweg rechts. Nun geht es immer geradeaus zurück zum Waldrand, wo wir links abbiegen. Wir befinden uns jetzt auf dem »Panoramaweg Alte Bürg«. Bei der nächsten Weggabelung zweigen wir links ab. Auf der rechten Seite wächst wunderschöner Buchenwald, links tauchen immer wieder große Kalkblöcke auf. An der folgenden Wegkreuzung müssen wir rechts gehen und treffen auf unseren alten Weg. Nach etwa 10 Minuten erreichen wir wieder den Ausgangspunkt.

Mittelalterliche Luft können wir noch auf dem bewaldeten Hügel gleich neben der Waldgaststätte schnuppern. Dort liegt die »Alte Bürg«, die unter dieser Bezeichnung schon 1274 erwähnt wird. Von der ehemaligen Burganlage ist heute außer dem Burghügel und Erdwällen nicht mehr viel zu sehen. Der einzige heute noch erhaltene Bau der Burganlage ist die spätromanisch-frühgotische, dem heiligen Hippolyt geweihte Kapelle. Den Schlüssel zur Besichtigung erhält man in der Waldschenke.

Auf ritterlichen Pfaden 6

Rundwanderung zu mittelalterlichen Burgruinen am Riesrand

**Nicht nur für kleine Ritter und Burgfräulein ist die Tour zu den Burg-
ruinen »Niederhaus« und »Hochhaus« ein eindrucksvolles Erlebnis.
Am Weg begegnen uns der klare Forellenbach und eine riesige
Buche zum Klettern.**

Schon von Weitem sehen wir die hoch auf einem felsigen Hügel thro-
nende Burgruine »Niederhaus«. Vom Parkplatz nehmen wir den Weg geradeaus über die Kreuzung, wandern leicht bergan, am Bauernhof vorbei
und dann rechts den Kiesweg hinauf zur Burg-
ruine. Wir betreten die Ruine über eine Holzbrücke, von der wir tief in den Burggraben blicken können. Vorbei am Bergfried gehen wir in
den inneren Hof. Von dort kann man links in den
heute noch immer drei Stockwerke hoch aufra-
genden Palas gehen oder rechts zu den nach
hinten gelagerten Ruinen der Nebengebäude.

Von den Nebengebäuden folgen wir der blau-
weißen Markierung und wandern auf einem
Trampelpfad steil bergab ins Forellenbachtal.
Der glasklare Bach lädt im Sommer zum Plan-

■ Anfahrt: Über die B 466
nach Ederheim, nach Orts-
ende Ederheim in Richtung
Hürnheim, nach Hürnheim
den Schildern Niederhaus
und Pulvermühle folgen, am
Parkplatz auf der Kuppe
parken

■ Ausgangs- und Endpunkt:
Parkplatz

■ Weglänge: Etwa 3,3 Kilometer

■ Dauer: Etwa 2 Std.

■ Tourencharakter: Abwechslungsreicher Rundweg
durch Wald und Wiesen mit
teilweise steilen Auf- und Ab-
stiegen, für Kinderwagen
und Fahrrad ungeeignet

■ Öffnungszeiten/Preise:
Die Burgen sind jederzeit frei
zugänglich

■ Altersempfehlung: Ab
4 Jahren

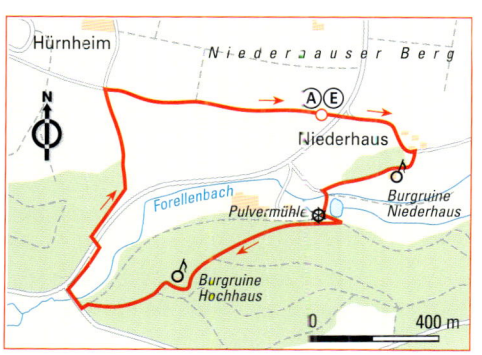

Tipp

Lohnenswert ist ein Abstecher in das nahe gelegene Örtchen **Christgarten** mit ehemaligem Kloster und Wildschweingehege.

schen oder Wassertreten ein. Nach Überqueren der Brücke laufen wir links und passieren einen Fischweiher. An das Gewässer grenzen Wiesen, die sich toll für ein ausgiebiges Picknick eignen. Außerdem haben wir von hier einen herrlichen Blick auf das Niederhaus.

Nach dem Fischweiher gehen wir rechts und wandern die zunächst sanft und später steil ansteigende bewaldete Anhöhe hinauf. Die nächste Wegkreuzung überqueren wir und folgen dem schmalen, sehr steilen Pfad bergauf. Bald tauchen die ersten Mauerreste des Hochhauses auf. Wir sind überrascht, wie groß die Burg einst gewesen sein muss. Das Betreten der ungesicherten und stark einsturzgefährdeten Ruine ist verboten. Man bekommt aber auch von außen tolle Einblicke.

Wir verlassen die Burgruine an der Südseite, folgen dem blauen Pfeil auf weißem Untergrund und gehen ein kurzes Stück steil den Waldpfad hinab,

Kleine Ritter unter sich

bis wir auf den Hauptweg kommen. Dort biegen wir rechts ab und an der Ortsverbindungsstraße wieder rechts. Nach etwa 200 Metern nehmen wir den Feldweg links. Diesem folgen wir bis zur Kuppe. Linker Hand befindet sich ein großes Gehege mit Rotwild. Auf der Anhöhe zweigen wir rechts ab und treffen auf einen wunderschönen Brotzeitplatz mit Tisch und Bank unter einer gigantischen Buche. Einen besseren Kletterbaum haben wir selten zuvor gesehen. Von dem Platz hat man einen wunderbaren Rundumblick. Hier sollte man auf jeden Fall etwas länger verweilen. Zurück zum Parkplatz geht es auf dem Feldweg immer geradeaus.

Paddeln wie die Indianer 7

Mit dem Kajak auf der Wörnitz

Wer wissen möchte, woher die Wörnitz ihren Beinamen »Schlangenfluss« hat, sollte ins Kajak steigen. Denn von Harburg nach Donauwörth reiht sich eine malerische Flussschleife an die andere.

Die Paddeltour startet im mittelalterlichen Harburg an der »Alten Steinbrücke«. Die Tour ist für alle Bootstypen geeignet. In Donauwörth haben wir Kajaks ausgeliehen, mussten diese aber nicht selbst hierher bringen. Den Transport hat der Bootsverleih übernommen. Nachdem wir unsere Kajaks ins Wasser gesetzt haben, folgen wir der fischreichen Wörnitz nach Süden in Richtung Brünnsee und Ebermergen. Bei Wörnitzstein erreichen wir ein Wehr, welches auf der rechten Seite umtragen werden muss. Im padd-

> **Tipp**
> Wer auf den Geschmack gekommen ist, muss das nächste Mal unbedingt von **Wörnitzostheim** nach **Harburg** paddeln. Wunderschöne Strecke mit Durchbruch der Wörnitz durch die Fränkische Alb.

■ **Anfahrt:** Auf der B 25 nach Harburg, in Richtung Stadtmitte zur »Alten Steinbrücke«, dort Parkmöglichkeit an der Grasstraße
■ **Ausgangspunkt:** Bei der »Alten Steinbrücke« in Harburg
■ **Endpunkt:** An der Westspange beim Kanu-Club Donauwörth
■ **Länge:** Etwa 19 Kilometer
■ **Dauer:** Etwa 4 Std.
■ **Ausrüstung:** Bitte mit Bootsverleih klären
■ **Bootsverleih mit Rückholservice:** Kanu-Laden Purtec, Alte Augsburger Str. 12, 86609 Donauwörth, Tel 0906/80 86, Kosten pro Tag: 1er-Kajak 24 Euro, 2er-Kajak 30 Euro, Kanadier 2–4 Personen 30 Euro, 4er-Kanadier 38 Euro, Rückholservice kostet extra
■ **Beste Zeit:** Von April bis Mitte Oktober, Achtung: Bei Hochwasser ist von einer Befahrung dringend abzuraten, lebensgefährliche Wehre!
■ **Altersempfehlung:** Ab 3 Jahren (mit Schwimmweste)
■ **Informationen:** Kanu-Club Donauwörth, Tel. 0906/226 05, www.kanuclub-donauwoerth.de
■ **Einkehr:** »Gasthaus Braun« in Wörnitzstein

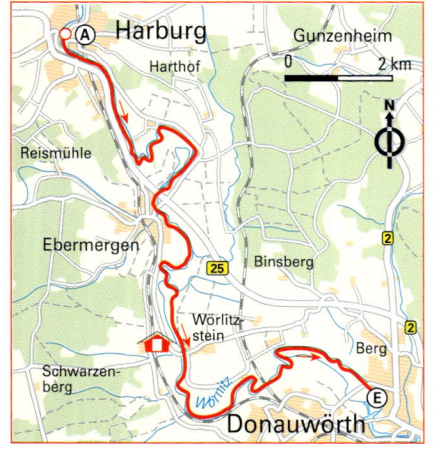

lerfreundlichen »Gasthaus Braun« kehren wir kurz ein und fahren anschließend auf ruhigen Wassern weiter. Dieser Abschnitt ist auch bei Anglern sehr beliebt. Hier bitte auf Angelschnüre achten.

Wenig später paddeln wir an Felsheim vorbei, und schon taucht Donauwörth in der Ferne auf. Bis dahin müssen wir aber noch einige Wörnitzschleifen hinter uns lassen. In der schönen alten Reichsstadt stoßen wir auf das Stadtmühlenwehr, das wir ebenfalls umtragen müssen. Unmittelbar neben der Umtragestelle liegt der Platz vom Kanu-Club Donauwörth. Wer noch weiter bis zur Donaumündung möchte, hat von hier aus nur noch zwei Kilometer vor sich.

Paddelspaß im Kanadier

Gib Gummi! 8

Inlineskaten auf der Weldenbahn in den Westlichen Wäldern

Früher verkehrte auf der Weldenbahnstrecke die Eisenbahn von Augsburg nach Welden. Nach dem Rückbau der Schienen im Sommer 1986 heißt es heute: »Bahn frei für Inlineskater!«.

Bei dieser Tour durch den reizvollen »Naturpark Augsburg – Westliche Wälder« haben große und kleine Inlineskater ihre wahre Freude. Auf breitem Weg und glattem Asphalt kann man die Inlineskates richtig rollen lassen. Aber Achtung: Die Trasse ist auch ein beliebter Ausflugsradweg. Bitte auf Radfahrer Rücksicht nehmen – und natürlich umgekehrt.

Von Hammel aus skaten wir etwa 2 Kilometer durch das Mühlbachtal nach Aystetten. In Aystetten müssen wir einige Male Wohngebietsstraßen queren. Vor und nach Querungen ist die Strecke auf kurzen Teilstücken gepflastert – wohl aus Sicherheitsgründen, denn hier müssen wir unsere Geschwindigkeit drosseln. Nach dem Ortsausgang folgt ein leichter Anstieg quer durch Felder in ein schönes Waldstück hinein. Etwa 1,5 Kilometer hinter Aystetten erreichen wir den höchsten Punkt des Anstiegs. Nach

---

■ **Anfahrt:** Von Augsburg-Neusäß in Richtung Aystetten/Horgau, in Hammel kurz nach Ortsbeginn in Richtung Ottmarshausen links abbiegen, nach 50–100 Metern kommt rechts ein Parkplatz (mit Wertstoffcontainern), dort parken und in die Strecke einsteigen

■ **Ausgangspunkt:** Parkplatz in Hammel

■ **Endpunkt:** Welden

■ **Weglänge:** Etwa 16 Kilometer

■ **Dauer:** 2–3 Std.

■ **Rückkehr:** Entweder Skaten oder mit dem Regionalbus 501 Bushaltestelle Welden/Hauptstraße, aktueller Fahrplan unter www.avv-augsburg.de

■ **Öffnungszeiten/Preise:** Die Strecke ist ganzjährig frei zugänglich

■ **Altersempfehlung:** Ab Schulalter

■ **Einkehr:** »Waldcafé Horgauergreut«, »Parkhotel Schmid« in Adelsried, »Landgasthof zum Hirsch« in Welden

Nichts wie rauf auf die Piste

einer langen, beschwingten Abfahrt kommt auf Höhe von Horgauergreut ein Parkplatz. Wer möchte, kann hier abbiegen und die andere Route bis nach Zusmarshausen wählen. Wir bleiben jedoch auf der Weldenbahn und skaten 2,5 Kilometer weiter nach Adelsried. Zunächst geht es bergan, dann erneut flott abwärts. In Adelsried fahren wir an der Ampel über die Hauptstraße und folgen dem Wegweiser nach Welden.

Wir haben nun noch etwa 7 Kilometer vor uns. Von Adelsried geht es auf ebener Strecke über Kruichen und Ehgatten im Tal der Laugna zügig nach Welden. Aufgepasst!: Nach Kruichen muss die viel befahrene Staatsstraße überquert werden.

Die Tiere sind los! 9

Unterwegs im Augsburger Zoo

Der Zoo in Augsburg zäht zu den meistbesuchten Ausflugszielen in der Region. Rund 1500 Tiere aus fast 300 Arten haben hier ein Zuhause gefunden. Bei Kindern besonders beliebt ist der große Abenteuerspielplatz mit Streichelzoo und »Zoo-Bähnle«.

Der Augsburger Zoo liegt am nördlichen Ende des Siebentischwaldes, dem Augsburger Naherholungs- und Wasserschutzgebiet für das städtische Trinkwasser. Er wurde am 16. Juni 1937 als »Park der deutschen Tierwelt« eröffnet. Die Bevölkerung sollte die heimische Tierwelt bestaunen können. Alliierte Bombenangriffe haben den Tiergarten in den letzten Kriegsjahren schwer zerstört. Er wurde geschlossen und erst 1947 wieder geöffnet. Nach und nach kamen exotische Tierarten aus aller Welt hinzu.

Heute umfasst der Zoo rund 60 Außengehege und Anlagen sowie acht Tierhäuser. Neu im Zoo seit 2010 sind die Kattas und Kapuzineraffen. Das

---

■ **Anfahrt:** Auto: Im Stadtgebiet von Augsburg den Hinweisschildern Zoo folgen. Bahn/Bus: Vom Hbf oder Königsplatz mit der Buslinie 32 bis zur Endhaltestelle Zoo/Botanischer Garten

■ **Öffnungszeiten:** November bis Februar 9–16.30 Uhr, März, Oktober 9–17 Uhr, April, Mai, September 9–18 Uhr, Juni bis August 9–18.30 Uhr, Kassenschluss 1 Stunde vor Schließung

■ **Preise:** November bis Februar: Erwachsene 7 Euro, Kinder (3–15 Jahre) 3,50 Euro, (Hunde 3 Euro), März bis Oktober: Erwachsene 9 Euro, Kinder (3–15 Jahre) 4,50 Euro, (Hunde 3 Euro), Familiensparkarte (6 Kinder + 4 Erwachsene) ganzjährig 49,50 Euro

■ **Altersempfehlung:** Ab 1 Jahr

■ **Anschrift:** Brehmplatz 1, 86161 Augsburg

■ **Informationen:** Tel. 0821/56 71 49-0, info@zoo-augsburg.de, www.zoo-augsburg.de

■ **Einkehr:** Zoo-Gaststätte, Bistro »Halbzeit«, Kioske am Eingang oder am Spielplatz

Besondere: Die Kattas leben in einer begehbaren Anlage. Ein Sandweg führt durch die inszenierte Landschaft mit Felsen, Tümpeln, Wiesen und Bäumen. Das Gehege der aufgeweckten Kapuzineraffen befindet sich gegenüber der Goggeles-Brücke bei den Seehunden.

Ebenfalls im Jahr 2010 neu hinzugekommen ist der zehnjährige Nashorn-Bulle »Kifarou«. Er vervollständigt die Herde aus bisher drei Weibchen und einem Nashornbullen, die seit 2008 im Zoo lebt. Er stammt aus England und soll bald für Nachwuchs sorgen.

Besonders attraktiv ist das Afrika-Panorama, eines der schönsten in einem deutschen Zoo. Hier weiden die seltenen Rothschild-Giraffen neben Blessböcken, Watussi-Rindern, Kamerunschafen und Grevy-Zebras. Auch für die geselligen Breitmaulnashörner ist dort Platz zum Tummeln.

Der Löwe ist los in den Raubtieranlagen. Dort kann der Besucher neben dem König der Tiere auch einen Tiger und den seltenen Amur-Leoparden ganz aus der Nähe, nur durch eine Glasscheibe getrennt, beobachten. Die Nachttier-Abteilung zeigt Zwergplumploris, Buschbabys und Kurzkopfgleitbeutler.

Natürlich dürfen auch Elefanten nicht fehlen. Die Elefantenfreianlage mit Swimmingpool zeigt sowohl indische als auch afrikanische Elefanten. Ebenfalls imposant sind die beiden Braunbären, die ihr Zuhause gleich neben dem Afrika-Panorama haben. Durch eine Glasscheibe kann man ihnen beim Fischen zusehen.

Auf etwa 50 Mantelpaviane stößt man gleich am Eingang

Im Streichelgehege möchte man gerne Ziege sein.

im naturnahen, großzügig angelegten Gehege. Es wurde 2009 fertiggestellt. In die alte Paviananlage siedelten die Mandrille um.

Die Tropenhalle zeigt in Großvolieren Biotope aus Südasien, Afrika und Südamerika mit dort typischen Vögeln. Außerdem beherbergt der Zoo über 100 Reptilien und Amphibien aus 36 Arten, darunter Schildkröten, Leguane, Basilisken, Frösche und Schlangen. Neben exotischen Reptilien und Amphibienarten beherbergt der Zoo aber auch heimische Reptilien und Amphibien wie Ringelnatter, Kreuzotter oder Kammmolch.

> **Tipp**
> Der Augsburger Zoo liegt gleich neben dem **Botanischen Garten** (siehe Tour 14). Wer genügend Zeit und Lust mitbringt, kann den Besuch beider Parks prima miteinander kombinieren.

Für Kinder besonders spannend ist das Robbenbecken gleich gegenüber der Tropenhalle. Noch interessanter wird es, wenn die flinken Taucher gefüttert werden. Die Fütterung findet täglich um 14 Uhr und um 15.30 Uhr statt. Auch bei der Fütterung der Pelikane in den nahe gelegenen Teichanlagen kann man mit dabei sein. Sie ist täglich um 14.30 Uhr.

Am Ende des Rundgangs hält der Zoo für Kinder noch einige Höhepunkte bereit. Im Streichelgehege direkt neben dem Abenteuerspielplatz freuen sich Ziegen auf Streicheleinheiten und Futter aus der Hand. Im Stall nebenan »wohnen« Skudden, die zu den ältesten und bedrohten Hausschafrassen gehören, Dahomé-Rinder und Miniponys. Außerdem tummeln sich im Eingangsbereich des Spielplatzes Meerschweinchen und Kaninchen in einem eigenen Gehege.

Der Spielplatz lockt große und kleine Kinder mit vielfältigen Möglichkeiten zum Toben und Klettern an. Es macht besonders viel Spaß, auf das riesige Holzgerüst mit langer Rutsche oder das Holzschiff zu klettern, das kleine Besucher zu großen Seefahrern macht.

Lustig ist auch eine Fahrt mit dem »Zoo-Bähnle« hinter dem Streichelgehege. Abhängig vom Wochentag verkehren verschiedene Zugmodelle auf dem fast einen Kilometer langen Rundkurs. Die Eisenbahn fährt vom 15. Mai bis 15. Oktober samstags ab 13 Uhr und sonntags ab ca. 12 Uhr. In den Oster-, Pfingst- und Sommerferien startet sie täglich ab 11 Uhr. Allerdings ruht sie bei Regenwetter.

10 Mit Platsch zur Moor(l)eiche

Der Naturerlebnispfad Zusamaue bei Zusmarshausen

Gemeinsam mit »Platsch«, dem Frosch-Wegweiser, geht es durch die Auenlandschaft der Zusam. Auf dem idyllischen Rundwanderweg treffen wir auf eine abwechslungsreiche Flora und Fauna.

Der kurzweilige Pfad beginnt gleich neben der Straße auf einer Holzplattform mit zwei Übersichtstafeln. Sie informieren über den Verlauf und die Themen des Lehrweges. Insgesamt sind es 18 Infotafeln, die den Besuchern die vielfältige Tier- und Pflanzenwelt in Text und Bild nahebringen.

Wir folgen dem Pfad und gelangen bald zu einer Infotafel zum Thema »Amphibien«. Mit ein bisschen Glück lassen sich Erdkröten oder Frösche beobachten. Der Weg führt uns weiter zu einem Altwasserarm. Das flache Kleingewässer zeichnet sich durch eine enorme Organismen-

Tipp

Bei schönem Wetter empfehlen wir ein abkühlendes Bad im nahe gelegenen **Rothsee**. Zurück nach Zusmarshausen, B 10 in Richtung Augsburg, nach der Ortsausfahrt liegt der See auf der rechten Seite.

■ **Anfahrt:** Autobahn A 8, Ausfahrt Zusmarshausen, in Richtung Dinkelscherben, etwa 2 Kilometer südlich von Zusmarshausen rechts abbiegen in Richtung Jettingen/Gabelbach, nach der Brücke über die Zusam befindet sich links der Parkplatz

■ **Ausgangs- und Endpunkt:** Vom Parkplatz auf Rad-/Gehweg zur Zusambrücke, dort Straße zum Startpunkt überqueren

■ **Weglänge:** Etwa 1,2 Kilometer

■ **Dauer:** Etwa 1 Std.

■ **Tourencharakter:** Einfacher Feld- und Wiesenweg, kein Schatten, mit geländetauglichem Kinderwagen möglich

■ **Ausrüstung:** Mückenschutz, (Becher-)Lupe, Fernglas

■ **Altersempfehlung:** Ab 3 Jahren

■ **Öffnungszeiten/Preise:** Der Pfad ist ganzjährig frei zugänglich

■ **Informationen:** Landschaftspflegeverband Zusam, Tel. 08291/87 11

■ **Einkehr:** »Rücklenmühle« gegenüber dem Pfad

vielfalt aus. Hier wäre ein Blick durch eine Lupe oder ein Mikroskop interessant, denn in einem Wassertropfen tummeln sich Tausende von zerbrechlichen Mikroorganismen.

Die nächsten Stationen »Schilfröhrricht«, »Bienenwand« und »Moor(l)eiche« befinden sich ein Stückchen von der Zusam entfernt. Besonders eindrucksvoll sind die Überreste einer Mooreiche, die schätzungsweise 559 n. Chr. der Säge oder Altersschwäche zum Opfer fiel. Die Lagerung im Moor verhinderte eine Zersetzung, und so können wir einen rund 1500 Jahre alten Baum bestaunen.

Kurz vor der Brücke über die Zusam informiert eine Infotafel über Bodenbrüter im Feuchtgebiet. Um zu den Stationen »Biber«, »Hochstaudenfluren« und »Metamorphose des Frosches« zu gelangen, müssen wir links abbiegen. Zu Beginn folgen wir einem Bohlenweg, der nach wenigen Metern von einem Graspfad abgelöst wird.

Wieder zurück auf dem Hauptweg überqueren wir die Zusambrücke. Danach biegen wir links ab und gelangen zu einem Pavillon. Die halbe Strecke liegt nun hinter uns und die überdachte Sitzgruppe lädt zu einer Rast ein. Gehen wir zurück auf den Hauptpfad, kommen wir bald zur Infotafel »Nutzungsgeschichte« und wenig später zu den Stationen »Graureiher«, »Altwasserarm«. Kurz vor Ende des Lehrpfades machen wir noch einen Abstecher zu einer Aussichtsplattform an einem kleinen Tümpel und erfahren alles Wissenwerte über Libellen. Den Abschluss bildet die Tafel über die ökologische Neugestaltung der Zusam.

Idealer Platz zum Frösche beobachten

11 Über den Dächern von Augsburg

Besteigung des Augsburger Gaskessels

Augsburg aus über 84 Metern Höhe betrachten? Möglich macht's der Augsburger Gaskessel. 392 Stufen führen auf das Dach des stillgelegten Industriedenkmals. Als Belohnung für die Mühe winken wunderbare Ausblicke.

Das Gaswerk Augsburg entstand in den Jahren 1912–1915 und war bis zu seiner Stilllegung im Jahr 2001 in Betrieb. Es hat Seltenheitswert: Denn das Augsburger Gaswerk gehört zu den wenigen komplett erhaltenen Gaswerk-Gesamtanlagen in Mitteleuropa. Das gesamte Areal besteht aus zwölf verschiedenen Gebäuden, darunter das Ofenhaus, die Elektrozentrale, das Apparatehaus, die zwei Teleskop-Gasbehälter und der besagte

---

■ **Anfahrt:** B 17, Ausfahrt Bärenkeller/Oberhausen-Süd, auf dem Holzweg bis zur nächsten Ampel, dort rechts in die Auerstraße abbiegen, dieser bis zum Ende folgen, rechts in die August-Wessels-Straße abbiegen, einige Meter weiter kommt rechts die Zufahrt auf das Gaswerk-Gelände, Parkmöglichkeiten auf dem Gelände

■ **Ausgangs- und Endpunkt:** Pförtnerhaus an der Werkseinfahrt

■ **Dauer:** 1 Std.

■ **Ausrüstung/Anforderungen:** Festes Schuhwerk, Schwindelfreiheit und körperliche Fitness

■ **Preise:** Erwachsene 4 Euro, Kind 1 Euro, Familienkarte (2 Erwachsene, bis zu 3 Kinder) 8 Euro

■ **Führungen:** Von April bis Oktober jeweils Sonntag um 13, 14, 15 und 16 Uhr, Anmeldung spätestens 15 Minuten vorher am Einfahrtstor, bei unsicherem Wetter vorab anfragen

■ **Altersempfehlung:** Ab 6 Jahren (in Begleitung Erwachsener)

■ **Anschrift:** August-Wessels-Straße 30, 86156 Augsburg

■ **Informationen:** Oliver Frühschütz, Tel. 0821/58 50 41, mail@gaswerk-augsburg.de, www.gaswerk-augsburg.de

---

Gaskessel, den Besucher seit August 2009 begehen können. Die Besteigung ist nur im Rahmen einer Führung mit maximal 19 Personen möglich. Die Führungen dauern etwa 60 Minuten. Je nach Nachfrage ergeben sich längere Wartezeiten, die die Besucher auf dem Gelände gut überbrücken können, beispielsweise mit dem Erkunden des »Denkmalspfads«.

Bei schlechtem Wetter entscheidet das Führungsteam, ob die Führung stattfindet. Der Treffpunkt zum Aufstieg ist am Pförtnerhaus an der Einfahrt. 392 Lochblechstufen führen außen am Turm immer höher und höher bis zum Dach, das mit einem Zaun gut gesichert ist. Entschädigt wird der kraftraubende, exakt 84,1 Meter hohe Aufstieg durch wundervolle Ausblicke auf Augsburg und Umgebung. Bei Föhn sind außerdem die Alpen zum Greifen nah.

Geschafft! Oben sind alle Mühen vergessen.

Der Augsburger Gaskessel wurde in den Jahren 1953–1954 von der Firma MAN errichtet. Der 20-eckige Turm hat einen Durchmesser von 45 Metern und besteht aus 1800 genieteten Eisenblechen. Der Gaskessel ist einer von zwei Scheibengasbehältern in Deutschland, der für Besucher auch von innen zu besichtigen ist (sonntags von 13–17 Uhr). Seit September 2008 schwingt dort ein rund 65 Meter langes Foucault'sches Pendel, mit dessen Hilfe die Erdrotation anschaulich nachgewiesen werden kann. Im Sommer 2009 kam die Orgelinstallation »Bach_10k« mit 58 Orgelpfeifen hinzu. Im Takt des Pendels erklingt das C-Dur-Präludium von Bach. Der Gasbehälter wird somit zum begehbaren Klangkunstwerk.

Darüber hinaus führt der Verein Gaswerksfreunde Augsburg e.V. von April bis Oktober jeden Sonntag um 14 Uhr historische Werksführungen durch. Diese beinhalten die Besichtigung des Geländes, der Gebäude, des großen Gaskessels sowie des Museums. Die kostenlosen Führungen dauern etwa 2 Stunden. Treffpunkt ist am Eingangstor.

12 Rund um den Exotengarten

Wanderung oder Radtour im Wellenburger Wald

Die Rundtour durch den Wellenburger Wald im »Naturpark Augsburg – Westliche Wälder« führt durch die typische Landschaft des Naturparks und streift exotische Baumriesen.

Der »Naturpark Augsburg – Westliche Wälder« ist einer von über 100 Naturparks in Deutschland. Mit weniger als 100 Einwohnern pro Quadratkilometer weist er eine ähnlich dünne Besiedlung auf wie der Bayerische Wald. Kleine Bachtäler, Hügel und Schotterriedel wechseln sich ab und führen zu einem ständigen Auf und Ab.

Tipp

Im Winter: Dieselbe Tour mit dem **Schlitten**. Mehrere Abfahrten auf der Strecke. Im Sommer: Wer nach der Wanderung noch Energie hat, kann den Tag mit einer Partie **Minigolf** beenden. Der Minigolfplatz liegt direkt am Parkplatz.

Der Naturpark ist reich an Rad- und Wanderrouten. Eine davon ist die Tour um den Exotengarten. Wir sind sie gewandert. Los geht es am Parkplatz in Wellenburg. Wir gehen rechts an der Schlossgaststätte vorbei und folgen der Beschilderung »Schwäbisch-Allgäuer Wander-

- ■ **Anfahrt:** B 17, Ausfahrt Leitershofen, in Leitershofen der Hauptstraße folgen und beim Wegweiser Wellenburg/Radegundis links abbiegen, nach Radegundis und weiter nach Wellenburg
- ■ **Ausgangs- und Endpunkt:** Wanderparkplatz Wellenburg
- ■ **Weglänge:** Etwa 9 Kilometer
- ■ **Dauer:** 4–5 Std. zu Fuß, ca. 2 Std. mit dem Rad
- ■ **Alternative:** Gleiche Strecke mit dem Fahrrad, durch das ständige Auf und Ab sollten kleine Radfahrer eine gute Ausdauer haben, durchgehend für Kinderwagen geeignet
- ■ **Öffnungszeiten/Preise:** Der Pfad ist ganzjährig frei zugänglich
- ■ **Altersempfehlung:** Ab 8 Jahren
- ■ **Informationen:** Städt. Forstverwaltung Augsburg, Tel. 0821/324-61 11
- ■ **Einkehr:** »Schlossgaststätte Wellenburg« mit schönem Biergarten und Kinderspielplatz, Anhausen »Gasthof zur Traube« ebenfalls mit Biergarten

weg«. Über eine schöne Allee gelangen wir in den Wald und erreichen nach kurzer Steigung den Anhauser Weiher. Von dort orientieren wir uns an der Beschilderung »Anhausen, Diedorf«. Nach-

Nochmal trinken und dann ab in den Wald

dem wir erst links und dann rechts abgebogen sind, geht es immer geradeaus. Wir durchwandern ein Waldstück, das 1999 durch den Sturm »Lothar« stark geschädigt wurde. Positiver Nebeneffekt: Aus dem monotonen Fichtenwald entwickelt sich ein bunter Mischwald. Schließlich geht es hinab in das Anhauser Tal. Wir folgen der asphaltierten Straße bis zu einer Brücke. Hier machen wir einen Abstecher nach Anhausen und besichtigen die Pfarrkirche St. Adelgundis, erbaut von H. G. Mozart, einem Urgroßonkel von W. A. Mozart.

Für alle, die gleich – oder später – weiter wollen, geht es nach der Brücke rechts in die Leitershofer Straße. An einem Feldkreuz halten wir uns rechts und wandern über den »Stadtweg« wieder in den Wald. Nach einem steilen Anstieg gehen wir an der nächsten Kreuzung halbrechts (Wegweiser »Exotenpfad«). Wenige Minuten später erreichen wir die ersten Baumriesen am Rande des eingezäunten Exotengartens.

Bereits 1880 wurden hier Baumarten aus Nordamerika und Asien wie Mammutbaum oder Japan-Lärche gepflanzt. Heute wachsen hier rund 50 Exoten. Eine nordamerikanische Küstentanne ragt stolze 55 Meter in den Himmel. Das Areal kann nur im Rahmen einer Führung betreten werden. Wir gehen den Weg weiter und folgen den Hinweisschildern (zwei grüne Wanderer). So kommen wir wieder auf die Hochfläche und gehen immer geradeaus zu rück zum Anhauser Weiher. Von dort sind es nur noch wenige Minuten zum Ausgangspunkt.

13 Baumeister Biber

Der Biberlehrpfad in Augsburg-Siebenbrunn

Der vom Landschaftspflegeverband Augsburg angelegte Biberpfad gibt Einblick ins Leben und Werken der Biber-Familie im Augsburger Stadtwald. Mit viel Glück zeigt sich der emsige, nachtaktive Nager aufmerksamen Beobachtern.

Biber sind faszinierende kleine Wesen. Mit einer maximalen Länge von 1,3 Metern sind sie die zweitgrößten Nagetiere der Erde. Biber leben in Familiengruppen, d. h. die Elterntiere leben mit den Jungtieren der letzten zwei Jahre zusammen. Jede Familie besetzt ein Revier. Biber verbringen den Tag in der Regel in ihren Bauen und sind vor allem in der Dämmerung oder nachts aktiv. Sie ernähren sich rein vegetarisch. Wenn der Wasserstand der Bäche und Gräben zu niedrig ist, bauen sie Dämme und schaffen sich die notwendigen Wasserverhältnisse selbst.

Der einfachste Weg zum Biberlehrpfad führt auf der Verlängerung der Ellensindstraße ca. 1,5 Kilometer immer geradeaus, bis man linker Hand auf

- ■ **Anfahrt:** B 17, Ausfahrt A-Göggingen/Haunstetten, auf der Bürgermeister-Ulrich-Straße bis zur Haunstetter Straße, dort rechts abbiegen und immer geradeaus, an der Ellensindstraße links abbiegen, diese immer weiter fahren bis zur Kreuzung Siebenbrunner Straße. Dort oder an der Waldgaststätte Siebenbrunn parken
- ■ **Ausgangs- und Endpunkt:** Parkplatz
- ■ **Weglänge:** Etwa 3,5 Kilometer hin und zurück (ohne Abstecher zum Lech)
- ■ **Dauer:** 2–3 Std.
- ■ **Tourencharakter:** Einfach, ohne Steigungen, mit Kinderwagen und Rad möglich
- ■ **Öffnungszeiten/Preise:** Der Pfad ist ganzjährig frei zugänglich
- ■ **Altersempfehlung:** Ab 4 Jahren
- ■ **Informationen:** Landschaftspflegeverband Stadt Augsburg e.V., Tel. 0821/324-60 54, info@lpv-augsburg.de, www.lpv-augsburg.de
- ■ **Einkehr:** »Waldgaststätte Siebenbrunn«

den Eingang des Lehrpfades am Neuen Graben trifft. Eine blaue Infotafel begrüßt uns und informiert über die Situation der Biber im Augsburger Stadtgebiet.

Nun beginnt der Rundgang. Auf Holzstegen geht es durch das Reich der Biber. Wir können die

»Starker Biss«

Auswirkungen ihres nächtlichen Treibens begutachten. Infotafeln beschreiben Bau und Funktion von Biberdamm und -burg und stellen andere Tierarten vor, die von der Bautätigkeit der großen Nager profitieren. Immer wieder können wir die an- bzw. durchgenagten Baumstämme aus der Nähe begutachten. Kaum zu glauben, was diese Tiere mit ihren Zähnchen zu leisten vermögen.

Wunderbar verbinden lässt sich der Besuch des Biberlehrpfades mit einem Spaziergang zum nahe gelegenen Lech. Hierzu geht man den Waldweg weiter in Richtung Osten, dann an der nächsten Abzweigung links und gleich wieder rechts. Von Weitem ist der Lech-Damm zu sehen. Noch ein kurzes Stück und schon ist man am großen Alpenfluss angekommen.

Beachtenswert sind die Heide- und Wiesenflächen links und rechts des Weges mit der wunderbaren Blumen- und Tiervielfalt. Der Stadtwald Augsburg zählt zu den größten und artenreichsten Naturschutzgebieten in Bayern. Typische Pflanzenarten der Lechheiden sind z. B. die Silberdistel, der Kreuzenzian oder die Sumpfgladiole. Zu den charakteristischen Tierarten gehören der Baumpieper (Vogel), die Kreuzotter und der Kreuzenzian-Ameisen-Bläuling (Falter).

14 Hüpfglockenspiel und Summstein

Im Botanischen Garten Augsburg

Im Botanischen Garten wachsen nicht nur Pflanzen in Hülle und Fülle. Bei Familien besonders beliebt sind der Kinderspielplatz mit großer Picknickwiese und der »Erlebnispfad der Sinne«. Ein Höhepunkt ist die alljährliche Schmetterlingsausstellung.

Tipp
Im Rahmen des **Veranstaltungsprogramms** finden regelmäßig Aktionen und Veranstaltungen speziell für Kinder statt. Mehr dazu unter www.botanischergarten.augsburg.de

Der Botanische Garten ist für Naturliebhaber ein kleines Paradies. In dem etwa zehn Hektar großen Park wachsen Blumen, Stauden, Kräuter und Bäume aller Art und Herkunft. Vieles davon in den »Themengärten«, beispielsweise im Rosen- und Musikgarten, Apotheker- oder japanischen Garten. Der »Erlebnispfad der Sinne« startet gleich am Haupteingang links. Bunte

■ **Anfahrt:** Auto: Der Botanische Garten liegt direkt neben dem Zoo, im Stadtgebiet von Augsburg einfach der Beschilderung Zoo folgen.
Bahn/Bus: Vom Hbf. oder Königsplatz mit der Buslinie 32 bis zur Endhaltestelle Zoo/Botanischer Garten

■ **Öffnungszeiten:** März, Mitte September bis Mitte Oktober 9–18 Uhr, April 9–19 Uhr, Mai bis Mitte August 9–21 Uhr, Mitte August bis Mitte September 9–20 Uhr, Mitte Oktober bis Februar 9–17 Uhr, Kassenschluss 45 Minuten vor Schließung

■ **Preise:** Erwachsene 2,50 Euro, 2 Erwachsene mit Kind/er 4 Euro, Kinder (ab 12 Jahren) 2 Euro, zusätzlicher Eintritt Schmetterlingsausstellung 1,50 Euro für Besucher ab 6 Jahren

■ **Altersempfehlung:** Ab 1 Jahr

■ **Anschrift:** Dr.-Ziegenspeck-Weg 10, 86161 Augsburg

■ **Information:** Tel. 0821/324 60 38, agnf@augsburg.de, www.botanischergarten.augsburg.de

■ **Einkehr:** Biergarten mit »Gärtnerstüble«

Holzmännchen weisen den Weg zu den einzelnen Stationen. Als Erstes kommen wir zum beliebten »Hüpfglockenspiel«. Durch Hüpfen auf verschiedenen Metallplatten können wir Töne erzeugen. Weiter geht es zum »Summstein«. Findest du »deinen Ton«, der deiner

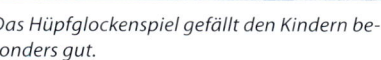

Das Hüpfglockenspiel gefällt den Kindern besonders gut.

Körper in angenehme Schwingung versetzt? Den Endpunkt des Pfades bildet das »Oktoskop« am großen Weiher, eine Art Kaleidoskop, das den Blick nicht auf bunte Steinchen, sondern auf die wirkliche Welt richtet.

Lehrreich geht es weiter. Der Naturerlebnispfad »Lechheide« neben dem Ökogarten informiert über die Augsburger Lechheide. Mehr über die Bewohner des »Wildbienenhotels« und Schau-Bienenkastens erfahren wir in der Nähe der Obstwiese. In diesem Bereich liegen auch der Spielplatz, die Picknickwiese und der Biergarten.

Exotisches erwartet uns im Pflanzenschauhaus. Im Eingangsbereich befindet sich die »Pflanzenwelt unter Glas«. Dort gedeihen Pflanzen aus trockenen und heißen Klimazonen, beispielsweise Kakteen. Lustig ist der »Schwiegermutterstuhl«, der nicht gerade zum Sitzen einlädt. Die im Hauptbereich nachempfundene Tropenlandschaft zeigt Bananenstauden, Kaffeestrauch, Kakaobaum und vieles mehr. In einem Aquarium schwimmen afrikanische Fische.

Eine besondere Attraktion ist die alljährlich sechs bis acht Wochen dauernde Schau tropischer Schmetterlinge im »Pavillon der Schmetterlinge«. Ab Mitte Februar schwirren bunt schillernde Schmetterlinge durch den Pavillon und landen immer wieder auf einem Besucher. Eine gute Möglichkeit, die filigranen Schönheiten aus der Nähe zu betrachten. Mit viel Glück kann man erleben, wie ein Schmetterling aus einem der aufgehängten Kokons schlüpft und seine ersten Flugversuche unternimmt. Ab Ende November beherbergt der Pavillon für etwa sechs Wochen die rund 40 Quadratmeter große Orientalische Rundkrippe.

15 Wald macht schlau!

Natur- und Walderlebnispfade im »Naturpark Augsburg –
Westliche Wälder«

**Waldspaziergänge auf endlosen Forstwegen finden Kinder oft lang-
weilig. Säumen jedoch Lern- und Mitmachstationen die Wege, sind
kleine Beine plötzlich ganz munter.**

Im »Naturpark Augsburg – Westliche Wälder« wurden in den letzten Jahren viele interessante Natur- und Walderlebnispfade errichtet. Das Wandern von Station zu Station ist spannend und erweitert das Wissen und
Bewusstsein für Wald und Natur.

Mehrere Erlebnis- und Lehrpfade stehen zur Auswahl. Außer dem Walderlebnispfad Leitershofen sind die beschriebenen Pfade Rundwege. Sie
sind alle ganzjährig frei zugänglich, Führungen kann man unter
Tel.08294/22 77 oder natur-erleben-off@t-online.de buchen.

Weitere Informationen erhält man beim Naturparkverein: Tel.0821/31 02-
22 79 oder www.naturpark-augsburg.de.

»Tipi« am Naturerlebnispfad Deuringer Heide

Ausnahmen: Waldinformationspfad Diedorf (Städt. Forstrevier Diedorf, Tel.08238/22 81) und Walderlebnispfad Leitershofen (www.walderlebnispfad-leitershofen.de).

Also, liebe Naturfreunde, die Wanderschuhe geschnürt, den Rucksack gepackt und auf geht's in den Wald.

■ **Walderlebnispfad Aystetten**, Start: Waldparkplatz »Pfaffenberg« zwischen 86356 Hammel/Neusäß und 86482 Aystetten an der St 2032. Dauer: ca. 2 Std. Länge: 3 Kilometer. Kinderwagen: Nein. Zehn Infotafeln vermitteln Grundwissen über heimische Pflanzen- und Tierarten. »Sinnesstationen« bringen unsere Sinne mit der Natur in Einklang: Wir fühlen Baumrinde, hören und riechen den Wald. Am höchsten Punkt lädt eine überdachte Schutzhütte zur Rast ein.

■ **Kultur- und Naturerlebnispfad »Deuringer Heide«**, Start: Am Ende der Kapellenstraße in 86391 Deuringen links abbiegen, ca. 300 Meter Fußweg zur ersten Station. Dauer: 1–1,5 Std. Länge: 2 Kilometer. Kinderwagen: Ja. Die zehn Stationen bringen den Besuchern einen Lebensraum mit besonderer Flora und Fauna näher. Denn die Heide wurde bis in die 90er-Jahre als Truppenübungsplatz genutzt und von Panzern befahren. Auf dem Naturspielgelände können Kinder mit Naturmaterialien bauen und spielen.

■ **Waldinformationspfad Diedorf**, Start: Ecke Wellenburger Str./Pestalozzistraße in 86420 Diedorf. Dauer: 1–1,5 Std. Länge: 2,2 Kilometer. Kinderwagen: Nein. Der abseits der Hauptwege verlaufende Pfad informiert an 12 Stationen über das Ökosystem Wald mit seinen heimischen und fremdländischen Baumarten vor dem Hintergrund des Klimawandels. Gigantisch sind die Großen Küstentannen und Riesenlebensbäume.

■ **Waldlehrpfad Dinkelscherben**, Start: Gegenüber des Kreisjugendheims »Landrat-Dr.-Wiesenthal-Haus«, Burggasse 100, 86424 Dinkelscherben. Dauer: 1–1,5 Std. Länge: 2 Kilometer. Kinderwagen: Ja. An elf Stationen lernt der Besucher das Ökosystem Wald kennen und erhält kulturgeschichtliche, natur- und artenkundliche Informationen. Fragen und Aufgaben wie »Wie alt wird ein Baum?« oder »Hör' mal, wer da hämmert!« werden gelöst.

Baumriese am Waldinformationspfad Diedorf

■ **Walderlebnispfad Leitershofen**, Start: Waldparkplatz »Herrgottsberg« am Ende der gleichnamigen Straße in 86391 Leitershofen. Dauer: ca. 1,5 Std. Länge: ca. 2,5 Kilometer (hin und zurück). Kinderwagen: Nein. Von Schülern der Parkschule Stadtbergen instand gesetzter und erweiterter Erlebnispfad mit neun abwechslungsreichen Stationen, beispielsweise Höhrrohr und Tastbaum.

■ **Walderlebnispfad Oberschönenfeld**, Start: Vom Parkplatz Kloster Oberschönenfeld (PLZ 86459) zum Staudenhaus. Gleich dahinter beginnt der Pfad. Dauer: ca. 2 Std. Länge: ca. 2,5 Kilometer. Kinderwagen: Ja. Neun Stationen erläutern den Lebensraum Wald. An Infotafeln und Bäumen lernen die Besucher die heimischen Laub- und Nadelbäume kennen. Ein Höhepunkt ist der Buchengeheimgang. Ungefähr auf halber Wegstrecke kommen wir zu einem öffentlichen Grillplatz (Anmeldung unter Tel. 08291/85 84-0).

■ **Natur- und Kulturlehrpfad »Haldenburg« Schwabegg**, Start: Parkplatz am südwestlichen Ortsrand von 86830 Schwabegg, Zufahrt über die Schlossbergstraße. Dauer: 1–1,5 Std. Länge: 2 Kilometer. Kinderwagen: Ja. Der Rundweg um die »Haldenburg« informiert an neun Stationen über das Ökosystem Wald und das geschichtlich interessante Gelände am Weg. Auf halber Strecke gibt es eine Hütte zum Rasten.

■ **Naturerlebnispfade »Zusamaue«** und »**Hansenhohl«** (siehe Touren 10 und 19).

Seemann, ahoi!   16

Boot fahren in der Augsburger Kahnfahrt

Die Kahnfahrt am Augsburger Stadtgraben hat eine lange Tradition. Seit seiner Gründung im Jahre 1876 ist der Bootsverleih im Familienbesitz und lädt zu idyllischen Bootsfahrten und gemütlicher Einkehr im Herzen Augsburgs ein.

Kinder lieben Wasser und alles, was damit zu tun hat. Boot fahren steht dabei ganz oben auf der Rangliste. In der Augsburger Kahnfahrt können Seebären zwischen Ruder-, Tret- oder Elektrobooten wählen und munter losfahren. Wie wäre es, liebe Kinder, wenn ihr mal die Ruder in die Hand nehmt und euren Eltern bei einer Ruderpartie etwas Ruhe und Erholung gönnt?

Die zwischen Franziskanergasse und Gänsbühl befahrbare Wasserfläche füllt einen Teil des Äußeren Stadtgrabens und liegt direkt vor alten Stadtmauerresten. Die Augsburger Kahnfahrt ist ein Kleinod im hektischen Alltag der Großstadt. Rundherum ist nichts als Wasser und Grün. Und nach der Bootsfahrt geht's zur Stärkung in den Biergarten am Ufer des Sees.

■ **Anfahrt:** Die Kahnfahrt liegt im Zentrum Augsburgs in der Nähe des Krankenhauses »Vincentinum« direkt am Oblatterwall, Parkplätze rund um die Kahnfahrt

■ **Bootsverleih:** Von Ostern bis Ende Oktober Mo–Sa 11–22 Uhr, So, Feiertage 10–22 Uhr

■ **Preise:** Ruder- und Tretboot: 30 Min. 4,50 Euro, 1 Std. 8 Euro. Elektroboot: 30 Min. 8,50 Euro, 1 Std. 15 Euro

■ **Altersempfehlung:** Ab 3 Jahren

■ **Anschrift:** Riedlerstraße 11, 86152 Augsburg

■ **Informationen:** Tel. 0821/355 16, info@augsburger-kahnfahrt.de, www.augsburger-kahnfahrt.de

■ **Einkehr:** Biergarten und Restaurant vor Ort

Bootfahren in historischer Kulisse

17 Freiheit für die Füße!

Der Natur- und Barfußpark Landensberg

Mit nackten Füßen entdecken, durch »Matschpampe« waten, Pritscheln nach Herzenslust – für Kinder immer ein tolles Vergnügen. Wem es zu Hause nicht reicht, kann dies im Barfußpark Landensberg tun.

Barfuß laufen ist gesund, sehr gesund sogar. Und macht obendrein noch viel Spaß. Wer viel barfuß läuft tut Gutes, sowohl für den Körper als auch für den Geist. Es stärkt beispielsweise das Immunsystem, Muskeln und Gelenke der Füße. Zudem entspannt das Laufen ohne Schuhe und fördert die Konzentration. Gesagt, getan! Wir beschließen, den Barfußpark Landensberg zu besuchen. Das über 4000 Quadratmeter große Freizeitgelände hat für alle Generationen viel zu bieten. Als Erstes gehen wir zur Wassertretbucht an der Glött zum Kneippen. Das kalte Wasser erfrischt und sensibilisiert unsere Füße. So können wir beim anschließenden Beschreiten des Barfuß-

- ■ **Anfahrt:** Autobahn A 8, Ausfahrt Zusmarshausen, nach Zusmarshausen und dort auf B 10 in Richtung Ulm/Burgau, bis Landensberg auf B 10 bleiben
- ■ **Öffnungszeiten:** Mitte April bis Ende Oktober 8–22 Uhr
- ■ **Preise:** Eintritt frei, Gebühr für Gruppen 10 Euro (bitte vorher anmelden, Tel. 08222/96 76-0)
- ■ **Altersempfehlung:** Ab Laufalter
- ■ **Anschrift:** An der B 10, zwischen 89361 Landensberg und Glöttweng
- ■ **Informationen:** Fritz Grasberger, Tel. 08222/55 61, fritz.grasberger@bnv-gz.de
- ■ **Einkehr:** Landgasthof »Zum Adler«, Gasthof »Zum Kreuz«

Kneipen belebt Körper und Geist

Ohne Socken und Schuhe die Natur fühlen

pfades intensivere Sinneseindrücke empfangen. Der rund 130 Meter lange Barfußweg in Form einer Acht führt über verschiedene Materialien und Balancierstationen. Nach dem Barfußpfad haben wir nochmals Lust auf Kneippen, um unseren warmen, lebendigen Füßchen Abkühlung zu gönnen. Die Sand- und Matschflächen am angrenzenden Glöttufer gefallen vor allem den kleinen Besuchern. Außerdem vor Ort: Trimm-Schaukel-Klettereck, Hügelparcours, ein Bolz- und Trimmplatz mit Feuerstelle zum Grillen und eine Liegewiese.

Und weil es ganz viel Spaß gemacht hat, hier noch weitere Barfußpfade sowie Natur- und Wasserspielplätze in der Region:

■ Der **Barfußpfad** in der Mühlstraße 13b in 86381 Krumbach ist Teil des Krumbacher Kneipprundwegs. Wir empfehlen, den gesamten etwa 3,5 Ki-

Viel Platz zum Sandeln, Matschen und Buddeln

lometer langen Weg durch die Stadt zu gehen. Start und Infos beim Rathaus am Marktplatz. Informationen: Tel. 08282/902 13. Begehbar, sobald frostige Nächte ausbleiben.

■ »**Tour de Füß**« am Grünen Weg 1 in 89340 Leipheim. Der ca. 700 Meter lange Wiesenweg umfasst 16 Erlebnisstationen, darunter Fühlstrecken, Balancierstämme, Strohtunnel und einen Stelzenlauf. Schöne Einkehrmöglichkeit im Biergarten des Landgasthofs »Waldvogel« gleich nebenan. Ganzjährig begehbar. Für Eltern: Geführte »Brainwalking-Tour«, buchbar unter Tel. 08221/57 18.

■ Im »**Park der Sinne**« neben der Kneippanlage an der Unteren Kreuzstraße in 86343 Königsbrunn heißt es »Riechen, Fühlen, Wahrnehmen und Erleben«. Beim Barfußpfad wechseln sich Teilabschnitte mit angenehmen, weichen Belägen (Pinienrinde, Korkgranulat) und kurze Strecken mit harten, unbequemen Materialien (bunte Gesteinssplitter, Flusskiesel) ab. Abhängig von der Witterung von Mai bis Oktober täglich von 6–18 Uhr geöffnet. Informationen: Tel. 08231/60 60.

■ Am **Wassererlebnisspielplatz Silbersee** östlich von 89364 Rettenbach/Remshart sind die verschiedenen Spielbereiche mit Sand und Kies durch Natursteine unterteilt. Von Handschwengelpumpen gespeiste Bachläufe, Sandinseln, eine Rutsche und mehr laden zum Planschen, Klettern und Toben ein. Saison von Mai bis Ende September. Informationen: Tel. 08221/957 53.

■ Der **Wasserspielplatz Bobingen** an der Singold am Inselweg 5 in 86399 Bobingen umfasst unter anderem einen Hangelsteg, Balancierbalken und zwei Kies-/Sandbereiche (der eine ist für kleine Kinder mit Pumpe und der zweite für größere zum Dammbauen, Umgestalten von Bachläufen usw.). Saison von Mai bis Ende September. Informationen: Tel. 08234/80 02 32.

Wassererlebnisspielplatz Silbersee

18 Stein auf Stein

Der Freizeitpark LEGOLAND® Deutschland bei Günzburg

Wer kennt sie nicht, die kleinen bunten Steinchen aus Kunststoff. Das LEGOLAND® Deutschland zeigt, welch beeindruckende Bauten damit möglich sind. Zudem winken rasante Fahrgeschäfte, Erlebniswelten und Shows.

Eines ist sicher: Im LEGOLAND erleben sowohl kleine als auch große Besucher unbeschwerte Stunden mit viel Spaß, Abenteuer und Nervenkitzel. Der Park gliedert sich in acht Themenbereiche. Gleich zu Beginn stoßen wir auf das »MINILAND«. Aus über 25 Millionen LEGO®-Steinen haben 140 Modelldesigner berühmte Städte und Landschaften Europas im Maßstab 1:20 originalgetreu nachgebaut. Die Münchner Allianz-Arena, das Schloss Neuschwanstein und die Frankfurter Skyline sind nur einige der vielen faszinierenden Miniaturbauten. Toll gemacht für die Kleinen: Per Knopfdruck können sie lustige Aktionen in Gang setzen. Menschen, Tiere,

> ■ **Anfahrt:** Auto: Autobahn A 8 Stuttgart – München, Ausfahrt Günzburg und dann Beschilderung folgen, Parkmöglichkeit LEGOLAND-Parkplatz (kostet allerdings 5 Euro). Bahn: Alle 30 Minuten pendelt ein Shuttlebus zwischen dem IC-Bahnhof Günzburg und dem LEGOLAND
> ■ **Öffnungszeiten:** Ab den Osterferien bis Anfang November von 10–18 Uhr geöffnet, an Wochenenden, Feiertagen und in den Ferien länger, bitte Schließtage beachten (siehe www.legoland.de)
> ■ **Preise:** Preise 2011: Tageskarte Erwachsene 37 Euro, Kinder (6–11 Jahre) 33 Euro, Bambini-Ticket (3–5 Jahre) 16,50 Euro, Familienkarte (4 Personen) 99 Euro (online), bei Bestellung von Online-Tickets bis zu 20 % Rabatt, www.legoland.de
> ■ **Altersempfehlung:** Ab 1 Jahr
> ■ **Anschrift:** LEGOLAND® Deutschland, LEGOLAND Allee 1, 89312 Günzburg
> ■ **Informationen:** Tel. 0180/570 07 57 01, info@legoland.de, www.legoland.de
> ■ **Einkehr:** (Open-Air-)Restaurants, Cafés, zahlreiche Imbisse, Eisstände und mobile Verkaufsstände

Gleich heben wir ab!

Autos, Schiffe, Züge, Gondeln und Flugzeuge beginnen sich zu bewegen, und aus versteckten Lautsprechern ertönen Stimmen und Musik. Seit Juni 2011 ist das »MINILAND« um eine Attraktion reicher. Auf 140 Quadratmetern können Besucher die sieben bekanntesten Szenen der sechs *STAR-WARS*-Filme und der Animations-Serie »*STAR WARS: THE CLONE WARS*™« bewundern. Aus rund 1,5 Millionen LEGO®-Steinen wurden rund 2000 Modelle errichtet.

Im »Knight's Kingdom«, dem Königreich der Ritter und Burgfräulein, erleben wir traditionelle Ritterturniere. Wahrzeichen des Königreichs ist die riesige Ritterburg. Über eine Hängebrücke geht es ins Burginnere. Ein Höhepunkt ist die Drachenbahn. Sie verläuft durch die mittelalterliche Burg und lädt zu einer rasanten Achterbahnfahrt ein.

> **Tipp**
> Bei Sommerwetter Badesachen mitnehmen und bei nicht so tollem Wetter Regen- bzw. Wechselklamotten. Es gibt eine Menge **Wasserattraktionen** und -spiele, bei denen man schon mal etwas nass werden kann.

Das »Land der Abenteuer« liegt versteckt im Dschungel, umgeben von dichten Bäumen und wilden Legotieren. Drei Attraktionen warten hier: Bei der Safari-Tour und Kanu X-pedition geht es mit Jeep beziehungsweise Paddel vorbei an zahlreichen Tieren aus der Wüste und Savanne. Auf mutige Entdecker wartet die große Dschungel X-pedition. Mit dem Kanu fahren wir hinauf zum Gipfel eines Vulkans, um dann auf einer zwölf Meter langen Wasserrutsche wieder hinab ins Flachland zu sausen.

Das »Land der Piraten« ist der Hit für alle Seeräuber. Bei »Käpt'n Nicks« Piratenschlacht sind Mut, Geschick und Wasserfestigkeit gefragt. Erste Erfahrungen mit der stürmischen See können angehende Seeräuber in der Piratenschule, einer riesigen Schiffsschaukel, sammeln. Der Piratenspielplatz bietet vor allem kleinen Seebären genügend Möglichkeiten zum Klettern und Toben.

Die »Lego City« beherbergt die »HERO Factory«, die zu einer Passagierroboterfahrt einlädt, die Lego-Fabrik und die Hyundai LEGOLAND Fahrschule. Hier startet auch der LEGOLAND-Express zur Rundfahrt ums MINILAND.

»Wasser Marsch« im Land der Piraten

Auf der »Project X-LEGO«-Teststrecke im Themenbereich »LEGO X-treme« können mutige Rennfahrer ihr Geschick unter Beweis stellen. Wasserspaß verspricht die Fahrt mit dem Wellenreiter. »LEGO X-treme« umfasst zudem das faszinierende »LEGOLAND Atlantis by SEA LIFE«. In der 2009 eröffneten Unterwasserwelt leben über 1300 Fische, darunter Haie und Rochen und seit April 2011 auch stachelige Rotfeuerfische und geheimnisvolle Geistermuränen. Sie schwimmen durch einen »Ozean«, gefüllt mit rund 500 000 Litern Wasser. Auf dessen Grund liegt die

Feuchtes Vergnügen im Wellenreiter

versunkene Sagenstadt Atlantis. In einem acht Meter langen Glastunnel kommen uns die Meeresbewohner aufregend nahe. Im exotischen Amazonasbereich sind zudem Piranhas und über 1000 bunte Schwarmfische aus dem südamerikanischen Regenwaldgebiet zu sehen.

Im Bereich »Imagination« bauen Konstrukteure im Bau- und Test-Center eigene Rennwagen und testen sie auf ihre Geschwindigkeit. Am »Kids Power Tower« kann die eigene Muskelkraft erprobt werden. Für alle, die hoch hinaus wollen, ist das »Tret-o-Mobil« genau das Richtige. Einen herrlichen Blick über den Park und sein Umland gewährt der 65 Meter hohe Aussichtsturm.

Schließlich möchten wir noch die vorbildliche Ausstattung für Familien mit Kindern jeden Alters erwähnen. Für die ganz Kleinen ist im Baby-Service mit einem umfassenden Angebot an Baby- und Kleinkindnahrung bestens gesorgt. Zudem verfügen alle Toiletten über Wickelmöglichkeiten. Wer einen Kinderwagen ausleihen möchte, kann dies beim Mini-Markt am Eingang gegen eine Gebühr von 4 Euro (plus 6 Euro Pfand) tun. Um »vermissten« Kindern vorzubeugen, stellt der Informationsschalter kostenlose »Kinder-Finder-Armbänder« zur Verfügung.

19 Auf und Ab im Schluchtwald

Der Naturerlebnispfad Hansenhohl bei Thannhausen

Der Hansenhohlsteig ist ein Rundweg mit vielen lehrreichen Statio-nen zu den Themen Wald und Wasser. Er führt eindrucksvoll durch einen artenreichen Schluchtwald.

Tipp

Das Zentrum von **Thannhau-sen** mit den schönen Bürger-häusern, dem alten Rathaus, dem Heimatmuseum im Tuch-macherhaus und dem ehema-ligen Gerichtshaus liegt nur wenige Gehminuten vom Lehrpfad entfernt. Im Sommer locken Eisdielen mit leckerem italienischem Eis und mehrere Freibademöglichkeiten mit einer Erfrischung im kühlen Nass.

Unsere Wanderung beginnt an den Übersichts-tafeln »Naturpark Augsburg – Westliche Wälder« und »Naturerlebnispfad Hansenhohl« nahe der Bushaltestelle an der Augsburger Straße. Von dort folgen wir stets dem Wegweiser, einer Eule mit ausgestrecktem Flügel. Nach etwa 350 Me-tern erreichen wir den Startpunkt des Lehrpfa-des. Eine Karte zeigt den Verlauf des Rundkur-ses. Nach einem kurzen Wegstück befinden wir uns bereits mitten im Schluchtwald.

Wir laufen oberhalb des Bachbettes und treffen schon bald auf die erste Rate-Holztafel. Wir überlegen, was das für ein Baum sein könnte.

■ **Anfahrt:** B 300, von Augsburg kommend bei der ersten Abfahrt Thann-hausen/Augsburger Straße links abbiegen, immer geradeaus bis zum Park-platz Eichbergstraße kurz nach Ortsbeginn auf der linken Seite
■ **Ausgangs- und Endpunkt:** Bei den Übersichtstafeln
■ **Weglänge:** Etwa 1,5 Kilometer
■ **Dauer:** Etwa 1 Std.
■ **Tourencharakter:** Einfacher, sehr kurzweiliger Steig, viel Schatten, Ach-tung: Bei nassem Wetter Rutschgefahr!
■ **Öffnungszeiten/Preise:** Der Pfad ist ganzjährig frei zugänglich
■ **Altersempfehlung:** Ab 3 Jahren
■ **Anschrift:** Eichbergstraße/Augsburger Straße, 86470 Thannhausen
■ **Informationen:** Stadt Thannhausen, Tel. 08281/901-0
■ **Einkehr:** Mehrere Möglichkeiten in Thannhausen

Auf geht's zur nächsten Station

Die Auflösung verrät die untere Holztafel. Wir gehen ein Stück weiter und kommen zu einer Holzbrücke. Hier lädt ein kleiner Platz mit Bänken zum Verweilen ein. Wer mag, kann ins sandige Bachbett hinabsteigen und durchs Wasser waten. Wir lassen die Brücke links liegen und steigen am rechten Ufer auf Stufen den Hang hinauf. An der nächsten Abzweigung biegen wir links ab. Wir kommen nun in einen schönen Abschnitt mit Buchen, Eichen, Fichten und Tannen. Bei einer Lehrstation mit der Darstellung von Waldtieren und ihren Fährten stoppen wir. Wir befinden uns weit oberhalb des Baches und blicken tief in die Schlucht.

Kurze Zeit später führt der Weg auf Stufen abwärts in ein Seitental. Unten angekommen, haben wir fast wieder das Niveau des Hauptbaches erreicht und stoßen auf die erste Sinnstation. Anschließend führt der Pfad wieder bergan, und wir gelangen in ein zweites Seitental. Dieses überwinden wir über eine hohe Brücke.

Nun folgt ein Wegstück durch eine relativ ebene Waldfläche. Bei schönem Wetter zaubert die Sonne hier Tausende von Lichtpunkten auf den Waldboden. Wir gehen abwärts und schreiten erneut über eine Holzbrücke. Gleich danach steigen wir links die Treppe hinunter und gelangen zum Bachbett.

Dieses queren wir trockenen Fußes auf Steinen und folgen weiter dem Pfad. Er führt uns zur nächsten Sinnstation »Riechen«. Wir biegen auf den Forstweg rechts ab und folgen diesem bis zur großen Holzbrücke. Nun haben wir den Rundweg beendet und kommen auf dem bereits gegangenen Weg zurück zum Ausgangspunkt.

20 Afrika mitten in Schwaben

Auf der Straußenfarm Donaumoos bei Leipheim

Wer rund 500 Strauße einmal ganz nah erleben möchte, ist auf der Straußenfarm genau richtig. Auf über 100 000 Quadratmetern sind die größten heute lebenden Vögel zu bewundern. Und wer Glück hat, findet sogar eine Straußenfeder.

Bereits seit 1993 züchtet die Familie Engelhardt die langbeinigen, 2,5 bis 3 Meter großen und bis zu 150 Kilogramm schweren Laufvögel aus den Steppen Afrikas. Mit zwei Paaren legte sie den Grundstein für die heutige Straußenzucht. Im Laufe der Zeit wurde der Betrieb zur reinen Straußenfarm umstrukturiert. Heute zählt er zu den größten Straußenfarmen Deutschlands. Alle Strauße werden auf dem Hof geboren und in weit angelegten Gehegen und geräumigen, hellen und sauberen Stallungen aufgezogen. Sie bekommen ausschließlich Futter, das der Hof selbst erzeugt, beispielsweise Gras, Mais, Getreide und Ackerbohnen.

Tipp

Der Besuch der Straußenfarm lässt sich wunderbar verbinden mit den Erlebnispfaden der Stadt Leipheim, die direkt an der Farm vorbeiführen (siehe Tour 21).

■ **Anfahrt:** Autobahn A 8, Ausfahrt Leipheim, in Richtung Leipheim, nach ca. 500 Metern links abbiegen in Richtung Riedheim/Langenau, ca. 1 Kilometer nach dem Ortsschild Leipheim kurz vor einer lang gezogenen Linkskurve beim Schild Straußenfarm rechts abbiegen, nach ca. 1 Kilometer erreicht man die Straußenfarm

■ **Ausgangs- und Endpunkt:** Parkplatz Straußenfarm

■ **Öffnungszeiten:** Von März bis Oktober täglich 9–17 Uhr, in den Wintermonaten täglich 9.30–16 Uhr, zu diesen Zeiten hat auch der Hofladen geöffnet

■ **Preise:** Erwachsene 2,50 Euro, Kinder (ab 3 Jahren) 2 Euro

■ **Altersempfehlung:** Ab 1 Jahr

■ **Anschrift:** Fam. Engelhardt, Herdweg 2, 89340 Leipheim

■ **Informationen:** Tel. 08221/27 32 09, info@straussenfarm-donaumoos.de, www.straussenfarm-donaumoos.de

Strauße beeindrucken nicht nur durch ihre Größe

Am besten parkt man das Auto links vom Feldweg am Straußengehege kurz vor der Farm. Hier bietet sich die erste Möglichkeit, einen Blick auf die beeindruckenden Vögel zu werfen. Von dort gehen wir zu den Hofgebäuden und treffen auf die »Hofordnung«, die jeder lesen und beachten sollte. Links vom »Hofläcle« steht ein Automat für die Bezahlung des Eintrittsgeldes. Das Gebäude, das sich daran anschließt, informiert allgemein über Strauße sowie die Bewirtschaftung und Geschichte der Straußenfarm. Durch Glasfenster können wir Jungstrauße beobachten. Hier sind auch die frisch gelegten Straußeneier zum Ausbrüten untergebracht. Es empfiehlt sich, kurz vor dem geplanten Besuch auf der Website der Farm nachzusehen oder telefonisch nachzufragen, wann die Straußenküken schlüpfen.

Wir verlassen das Gebäude und beginnen unseren Rundgang. Wir kommen an zahlreichen Ställen und Gehegen vorbei. Besonders interessant ist die Unterbringung der Straußenhähne, die wir hier ganz aus der Nähe beobachten können. Die männlichen Strauße leben dort in Parzellen mit einigen Straußenweibchen, um für Nachwuchs zu sorgen. Die Straußenhähne haben ein schwarzes Gefieder sowie eine Rotfärbung an Schienbein und Schnabel. Neben den Rothals-, Schwarzhals- und Blauhalsstraußen warten noch viele andere heimische Tiere wie Pferde, Ponys und Hasen in großzügigen Gehegen darauf, bestaunt zu werden.

Und wer keine Straußenfeder gefunden hat, kann sich im liebevoll eingerichteten Hofladen mit einer solchen oder einem anderen Erinnerungsstück ausstatten.

21 Schwarzes Gold und Schauergeschichten

Der Torferlebnispfad im Bremental bei Jettingen

Bis vor rund 50 Jahren galt das Torfstechen im Bremental als eine wichtige Lebensgrundlage. Wer gesund und fit war, stach täglich bis zu 15 000 Stück Torf. Der Torferlebnispfad erinnert an das Handwerk.

■ **Anfahrt:** Autobahn A 8, Ausfahrt Jettingen-Scheppach, in Scheppach im Kreisverkehr in Richtung Industriegebiet Scheppach/Burtenbach, auf der Umgehungsstraße 2025 der Beschilderung folgen und rechts in den Brandweg einbiegen
■ **Ausgangs- und Endpunkt:** Parkplatz Naturerlebnispfad
■ **Weglänge:** Etwa 2 Kilometer
■ **Dauer:** Etwa 1–1,5 Std.
■ **Tourencharakter:** Pfad ohne Steigungen, mit Kinderwagen gut begehbar
■ **Altersempfehlung:** Ab 3 Jahren
■ **Öffnungszeiten/Preise:** Der Pfad ist ganzjährig frei zugänglich
■ **Informationen:** Josef Krumm, Tel. 08225/12 69, www.torferlebnispfad.de
■ **Einkehr:** Gastronomie in Jettingen und Scheppach

Wir starten am Parkplatz und gehen auf dem Kiesweg geradeaus, bis uns ein orangefarbener Pfeil nach rechts lotst. Kurz darauf gelangen wir zur ersten von insgesamt elf Infotafeln. Sie zeigt den Verlauf der Rundroute. Wenn wir weitergehen, sehen wir linker Hand eine Torfhütte. Sie wurde nach historischem Vorbild rekonstruiert. In solchen Torfhütten lagerte der ganze Jahresvorrat an Torf für eine Familie. Das waren etwa 35 000 Stück.

Wir passieren die Hütte und kommen zu einem frischen Torfstich. Hier lässt sich sehr gut nachvollziehen, wie die Torfstecher früher arbeiteten. Die Tafeln drei und vier erklären Handwerk und Werkzeug. Neben der Torfgrube sind zahlreiche Torfstücke zum Trocknen aufgestapelt. Bei Führungen kann man sein Talent fürs Torfstechen unter Beweis stellen. Dann heißt es, Wasser abschöpfen und mit Schippe, »Pflatsche« oder Messer hantieren. Außerdem erzählt der Führer viele Geschichten, für ganz Hartgesottene auch über Moorleichen.

Nach der Holzbrücke biegen wir links ab und gehen durch eine abwechslungsreiche Moorlandschaft mit Entwässerungsgräben, herrli-

Unterwegs im Schilf

chen Streuwiesen, Schilfröhr cht und Hochstauden. Die Markierung führt uns über den Hauptweg zu den Tafeln sechs und sieben. Sie informieren über die Vegetation im Bremental. Nachdem wir rechts abgebogen sind, erreichen wir ein Sumpfgebiet mit übermannshohem Schilfröhricht. Der schön angelegte Bohlenweg führt direkt ins »Waldwohnzimmer«. Der Freisitz mit Tischen und Bänken lädt zur gemütlichen Rast ein. Birken und Fichten spenden angenehmen Schatten. Hier ist auch genügend Platz, um Lager zu bauen, Ball oder Verstecken zu spielen.

Wer Vögel beobachten möchte, sollte auf jeden Fall ein Fernglas im Gepäck haben. Welche »Piepmatze« zu sehen sind, erklärt die Infotafel neun.

An der nächsten Wegkreuzung gehen wir rechts und gelangen zu einem Aussichtsturm und einer Holzplattform an einem kleinen Gewässer. Ein idealer Ort zum Tiere Beobachten. Mit etwas Glück sehen wir Molche, Frösche, Schlangen, Libellen, Wasserläufer und vieles mehr. Nach der letzten Station gehen wir geradeaus zurück zum Parkplatz.

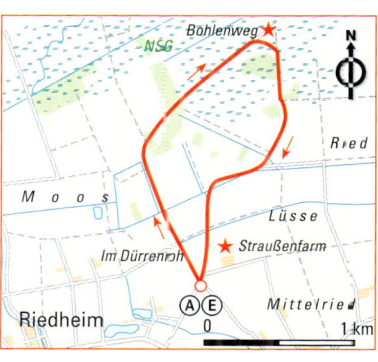

22 Jäger der Lüfte

Im Greifvogelpark Konzenberg

Greifvögel und Eulen faszinieren die Menschen seit jeher. Viele Mythen ranken sich um sie. Der Konzenberger Greifvogelpark gibt Einblick in die sagenhafte Welt der Jäger der Lüfte. Rund 60 Raubvögel sind hautnah zu erleben.

Der Greifvogelpark Menter liegt idyllisch am Ortsrand von Konzenberg. Vom Parkplatz aus gehen wir über eine baumbestandene Wiese zu den ersten Volieren, in denen unter anderem Waldkauz, Turkmenen- und Flecken-Uhu sowie Schnee- und Schleiereule zu Hause sind. Auf der Wiese leben zudem Nandus. Gleich rechts vom Eingangstor befindet sich ein kleiner Spielplatz. Ein schmaler Pfad am Ende der Grünfläche führt vorbei an einem Tipi hinunter zum Bach. Über eine Brücke gelangen wir zum »offiziellen« Eingang und Herzstück des Parks. Eine herzliche und familiäre Atmosphäre ist zu spüren, was nicht zuletzt am sympathischen Besitzer und

Tipp
Kindergeburtstag im Greifvogelpark feiern. Indianerwettkämpfe, Waldschnitzeljagd und Vogel-Präsentation sorgen für ein unvergessliches Ereignis.

■ **Anfahrt:** Autobahn A 8, Ausfahrt Burgau, in Richtung Burgau, in Röfingen bei Wegweiser Grundremmingen abbiegen, im nächsten Kreisverkehr erste Abfahrt rechts nach Konzenberg, dort gleich wieder rechts fahren und der Beschilderung Greifvogelpark folgen, in Konzenberg gleich nach Ortsschild wieder rechts und dann immer geradeaus bis zum Eingang auf der linken Seite
■ **Öffnungszeiten:** März bis Oktober Mi–So, 12–17 Uhr, große Vorführung der Greifvögel jeweils um 15 Uhr, in der Wintersaison auf Anfrage
■ **Preise:** Erwachsene 4,50 Euro, Kinder (6 bis 18 Jahre) 3 Euro
■ **Altersempfehlung:** Ab 3 Jahren
■ **Anschrift:** Sandbergstraße 15, 89356 Haldenwang
■ **Informationen:** Martin Menter, Tel. 08222/428 24, info@greifenzucht.de, www.greifenzucht.de
■ **Einkehr:** Im Park gibt es Getränke, Kaffee und Kuchen

Ein Uhu zum Greifen nahe

Vogelzüchter Martin Menter liegt. Seit über 16 Jahren züchtet und hält die Familie Menter Raubvögel. Den Park eröffneten sie im Jahre 2004.

Höhepunkt des Besuchs ist die Präsentation der im Park beheimateten Greifvögel. Sie findet an den geöffneten Tagen jeweils um 15 Uhr statt und dauert 1,5 bis 2 Stunden. Besucher können die faszinierenden Raubvögel Auge in Auge erleben, darunter Gänsegeier, Steppen- und Raubadler sowie verschiedene Bussard- und Falkenarten. Wer traut sich? Mutige Gäste dürfen die Vögel unter fachlicher Anleitung, gewappnet mit einem Falknerhandschuh, selbst auf die Hand nehmen. Es ist ein eindrucksvolles Erlebnis, wenn man in die bernsteinfarbenen, riesigen Augen eines Uhus blickt. Parkbesitzer Menter weiß viel Interessantes über seine Schützlinge und seine Arbeit zu berichten. Wir erfahren beispielsweise, woran es liegt, dass die Vögel nach einem Freiflug auch wieder zurückkommen und welches Training dafür erforderlich ist.

An weiteren Tieren sehen wir Gänse, Enten und Frettchen. Letztere sind die domestizierte Haustierform des Waldiltis. Frettchen werden zur Beizjagd (Jagd mit Greifvögeln) eingesetzt. Sie treiben das Kaninchen aus seinem Bau, und der Raubvogel stürzt sich sogleich auf den ahnungslosen Mümmelmann.

Darüber hinaus betreibt der Greifvogelpark eine Zucht- und Auffangstation. Kranke und verletzte Wildtiere, die von einem Auto erwischt oder auf andere Weise verletzt wurden, päppelt das kompetente Parkteam mit viel Geduld und Liebe wieder auf.

23 Nichts wie raus ins Grüne

Naturerlebnispfad im Leipheimer Moos

Auf Schusters Rappen durch die reizvolle Landschaft des Leipheimer Mooses macht besonders auch kleinen Kindern Spaß. Höhepunkt der Rundwanderung »Natur erleben« ist der Bohlenweg.

Das Leipheimer Moos ist zusammen mit dem Langenauer Ried eines der letzten großen Niedermoore des schwäbischen Donautals. Es zählt zu den bedeutendsten Wiesenbrütergebieten in Bayern. Seltene Vogelarten wie der Brachvogel, der Weißstorch und die Bekassine sind hier zu beobachten. An Pflanzen wachsen hier die seltene Trollblume und die Mehlprimel.

Das Leipheimer Moos steht seit 1993 unter Naturschutz. Bitte daran denken, zum Schutze der seltenen Tiere und Pflanzen nur auf den ausgeschilderten Wegen zu gehen! Wir starten an der Infotafel »Erlebnispfade im Donaumoos«. Von dort laufen wir geradeaus über die Kreuzung und

---

■ **Anfahrt:** Autobahn A 8, Ausfahrt Leipheim, in Richtung Leipheim, nach ca. 500 Metern links abbiegen in Richtung Riedheim/Langenau, ca. 1 Kilometer nach dem Ortsschild Leipheim kurz vor einer lang gezogenen Linkskurve beim Schild Straußenfarm rechts abbiegen, nach ca. 1 Kilometer erreicht man den Parkplatz vor der Straußenfarm.

■ **Ausgangs- und Endpunkt:** Infotafel »Erlebnispfade im Donaumoos« am Parkplatz

■ **Weglänge:** 4,2 Kilometer

■ **Dauer:** 2–3 Std.

■ **Tourencharakter:** Leichte Wanderung ohne Steigungen, mit geländetauglichem Kinderwagen möglich, für Fahrräder ist das Naturschutzgebiet verboten, nach Regen und Schnee zum Teil matschige Wegverhältnisse, teilweise Schatten

■ **Öffnungszeiten/Preise:** Der Pfad ist ganzjährig frei zugänglich

■ **Altersempfehlung:** Ab 4 Jahren

■ **Informationen:** ARGE Schwäbisches Donaumoos e.V., Tel. 08221/74 41, sekretariat@arge-donaumoos.de, www.arge-donaumoos.de

■ **Einkehr:** Gastronomie in Leipheim

Auf dem Bohlenweg

nehmen den Weg mit dem Verkehrsschild »Landwirtschaftlicher Verkehr frei«. Wir wandern den Weg in umgekehrter Richtung. So heben wir uns die Straußenfarm, die wir rechts sehen, für den Schluss auf. Das erste Wegstück laufen wir immer geradeaus durch Wiesen und Felder. Entwässerungsgräben und alte Weiden säumen den Weg. Auffällig sind die schwarzen Böden, wie sie für Moore typisch sind. Im Sommer herrscht hier wenig Schatten. Bei Regen kann der Weg sehr matschig werden. Nach etwa 30 Minuten kommt eine Biegung, und es geht zwischen Schilfgras ins Naturschutzgebiet und zur ersten Hinweistafel »Wiesenbrüter«. Besonders gut hat uns gefallen, dass am Fuße jeder Hinweistafel eine Holzbank zum Verweilen einlädt.

Bis zum Bohlenweg folgt ein idyllischer Wegabschnitt. Die nächste Infotafel widmet sich dem Thema »Streuwiese«. Ins Auge fallen die vielen Birken mit ihrer leuchtend weißen Rinde. Eine ist besonders bizarr gewachsen: Bank, Brücke oder ein Tier? – der Fantasie sind beim Deuten des krumm gewachsenen Stammes keine Grenzen gesetzt. Kurz darauf erreichen wir den Bohlenweg, der über wassergefüllte Torfstiche führt. Ein wunderbarer, stiller Ort zum Ausruhen Verweilen und Beobachtung von Tieren.

Nach dem Bohlenweg geht es rechts auf dem Hauptweg weiter. Diesem folgen wir bis zum Ende der Tour. Zum Schluss lohnt ein Abstecher zur Straußenfarm (s. Tour 20).

> **Tipp**
>
> Im Leipheimer Moos gibt es noch **drei weitere Rundwege**, die bei guter Ausdauer kombinierbar sind:
> ■ »Kulturlandschaft erleben« (lang): 9,6 Kilometer. Start/Ende: Leipheim, »Parkplatz an der Donau«.
> ■ »Kulturlandschaft erleben« (kurz): 5,2 Kilometer: Start/Ende: Leipheim, »Parkplatz an der Donau«.
> ■ Wanderpfad »Dolderer Weg«: 6 7 Kilometer. Die Rundroute zweigt vom Wanderpfad »Natur erleben« ab.

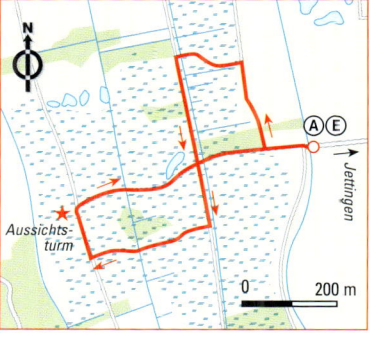

24 Storch-Watching im Vogelparadies

Rundwanderweg um den Oberegger Stausee bei Krumbach

Bei dieser idyllischen Rundtour durch eine vielseitige Vogelwelt darf das Fernglas im Gepäck nicht fehlen. Mit etwas Glück lassen sich Störche, Enten, Schwäne und Reiher beobachten.

Ein Besuch des Oberegger Stausees ist besonders im Winter zu empfehlen – auch wenn dann die Pflanzenwelt ruht. Denn an einem Wintertag sind dort 800 bis 900 Vögel anzutreffen, im Sommer dagegen nur ein Bruchteil davon.

Der Oberegger Günzstausee wurde für das Wasserkraftwerk Oberegg angelegt, das im Jahr 1942 seinen Betrieb aufnahm. Bis Anfang der 70er-Jahre war das Gewässer ein beliebter Badesee. Aufgrund der immer schlechter werdenden Wasserqualität ließ jedoch seine Attraktivität nach. Das lag wohl an den Wasservögeln, die den See immer stärker als Lebensraum nutzten. Im Jahr 1985 wurde der Stausee samt nahem Ufer-

---

■ **Anfahrt:** B 300, in Krumbach auf die St 2019 in Richtung Deisenhausen, durch den Ort durch, kurz nach Ortsschild gegenüber einer Schreinerei rechts abbiegen in Richtung Iggstetten, ca. 700 Meter weiterfahren, Parkmöglichkeit bei den Holzhäusern

■ **Ausgangs- und Endpunkt:** Bei der Übersichtstafel gegenüber den Holzhäusern am Südufer

■ **Weglänge:** 4 Kilometer

■ **Dauer:** Etwa 2–3 Std.

■ **Ausrüstung:** Fernglas, Vogelbestimmungsbuch

■ **Tourencharakter:** Einfache, kurzweilige Wanderung rund um den See, auch für kleine Kinder geeignet, teilweise schattiger Wald mit vielen interessanten Plätzen zum Verweilen, bei nassem Wetter erhöhte Rutschgefahr!

■ **Öffnungszeiten/Preise:** Der Pfad ist ganzjährig frei zugänglich

■ **Altersempfehlung:** Ab 4 Jahren

Seeidylle

umfeld zum »Naturschutzgebiet« ernannt. Das Gebiet ist ein überregional bedeutender Rast- und Brutplatz für Wasservögel.

Die Tour beginnt am Südufer des Sees direkt gegenüber den beiden Holzhäusern an der Straße. Wir umrunden den See im Uhrzeigersinn,

gehen also nach der Übersichtstafel links. Zunächst verläuft der Weg am See entlang durch eine Wiese. Am Ende des Südufers biegen wir rechts ab. Ab hier führt die Route durch einen Mischwald, der bis an den See reicht. Immer wieder bieten sich herrliche Ausblicke auf den See und die Möglichkeit, nach interessanten Vögeln Ausschau zu halten: Goldammer, Kohlmeise, Mauersegler, Stock- und Kolbenenten, Schwarz- und Rotmilan, Blässhuhn, Zaunkönig. Ist was dabei?

Kurz vor dem Nordende des Stausees öffnet sich der Wald, und wir wandern durch herrliche Wiesenflächen. An dessen Ende kommt ein Privatgrundstück mit Fischweiher. Diesen umlaufen wir links und biegen anschließend rechts ab in Richtung See. Wir folgen dem Pfad, gehen am alten Wasserwachthäuschen vorbei und erreichen bald die Brücke über die Günz. Danach zweigen wir rechts ab und laufen auf dem Damm in

Richtung Süden. Dort fällt unser Blick auf eine »Plattform« im Wasser – ein Brutfloß, welches für die seltene Flussseeschwalbe errichtet wurde. Der Zugvogel, der in Afrika überwintert, braucht zum Brüten natürliche Kiesinseln. Da es davon nur noch wenige gibt, wurde hier ein künstlicher Brutplatz geschaffen. Die Flussseeschwalbe legt ihre bestens getarnten Eier ohne Nest auf den Kies. Sie hat rote Füße und einen roten Schnabel mit schwarzer Spitze und kann sehr schnell fliegen.

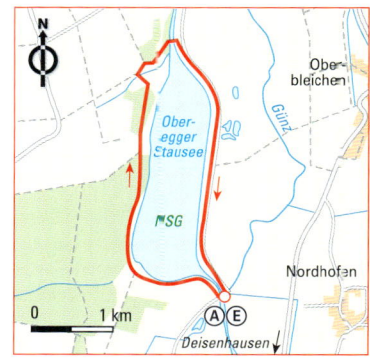

25 Öko-Rallye

Rätselspaß entlang des Weiherwegs beim
Kloster Roggenburg

**Die Öko-Rallye lässt kleine Köpfe rauchen. Denn hier heißt es: knif-
felige Rätsel lösen. Gefragt sind Kenntnisse über Natur und Umwelt,
Geschicklichkeit und Fantasie.**

Vor Beginn der Rundwanderung holen wir uns die Öko-Rallye-Broschüre
am Eco-Board gegenüber dem Eingang zur Klosterkirche. Es gibt sie auch
im Foyer des Bildungszentrums oder im Waldpavillon. Die Broschüre ent-
hält 20 Fragen, die an den ausgeschilderten Stationen entlang des Weges
zu lösen sind, sowie Informationen zum jeweiligen Stationsthema. Zu den
einzelnen Fragen schlägt die Broschüre mehrere Lösungen vor, denen
Buchstaben zugeordnet sind. Die Buchstaben ergeben am Ende der Ral-

■ **Anfahrt:** Autobahn A 7, Ausfahrt Vöhringen, in Richtung Weißenhorn,
über Weißenhorn und Biberach nach Roggenburg, in Roggenburg rechts
abbiegen auf die Klosterstraße. Oder Autobahn A 8, Ausfahrt Günzburg, auf
B 16 nach Ichenhausen und Ellzee, weiter in Richtung Stoffenried, nach
Stoffenried, Schießen und Schleebuch kommt Roggenburg, dort links ab-
biegen auf die Hauptstraße, nach ca. 400 Metern rechts abbiegen auf die
Klosterstraße
■ **Ausgangs- und Endpunkt:** Eco-Board/Waldpavillon
■ **Weglänge:** 6,5 Kilometer
■ **Dauer:** Etwa 3–4 Std.
■ **Tourencharakter:** Einfacher aber etwas längerer Wanderweg, ohne län-
gere Anstiege, teils im Schatten, auch für Kinderwagen geeignet
■ **Öffnungszeiten/Preise:** Der Weg ist ganzjährig frei zugänglich
■ **Altersempfehlung:** Ab 4–5 Jahren
■ **Anschrift:** Klosterstraße 3, 89297 Roggenburg
■ **Informationen:** Bildungszentrum Kloster Roggenburg,
Tel. 07300/96 11-0, www.kloster-roggenburg.de
■ **Einkehr:** »Kloster Gasthof«, »Klein Venedig« am Klosterweiher, »Brauerei-
ausschank« Messhofen

lye ein Lösungswort. Ob es richtig ist, werden wir nach der Wanderung im Waldpavillon am »Parkplatz 3 Bildungszentrum« erfahren.

Startpunkt ist beim Eco-Board. Es lädt sogleich zu einem multimedialen Rätsel ein. Wir müssen Tierstimmen und Geräusche den dargestellten Tierfotos zuordnen. Vom Eco-Board gehen wir durch die beiden Tore des Bildungszentrums und folgen der Beschilderung »Roggenburger Weiherweg«. In regelmäßigen Abständen treffen wir auf die einzelnen Stationen. Wir müssen z. B. Bäume erkennen, dichten oder die Bachkilometer Bayerns abschätzen. Zunächst führt die Öko-Rallye hinab zum Klosterweiher – eine gute Gelegenheit, sich in seine Fluten zu stürzen oder ein Boot auszuleihen. Weiter gehen wir entlang der idyllischen Stürzenweiher sanft bergan zur Wannenkapelle. Das letzte Teilstück führt vorbei an der Pfarrkirche Meßhofen. Auf der Anhöhe zwischen Biber- und Osterbachtal machen wir Rast und genießen den Ausblick. Abschließend passieren wir das Schloss des Grafen von Mirbach-Geldern-Egmont. Nach etwa 6,5 Kilometern erreichen wir wieder das Kloster. Wir marschieren gleich zum Waldpavillon, um zu prüfen, ob wir mit unserem Lösungswort richtig liegen. Wir waren gar nicht so schlecht. Im Waldpavillon finden außerdem regelmäßig Ausstellungen zum Thema »Wald« statt.

Gleich nebenan befindet sich der Kloster-Kräutergarten. Er setzt eine lange Tradition fort, denn seit dem Frühmittelalter geben die Klöster ihr Wissen über Heil- und Gewürzpflanzen an die Bevölkerung weiter.

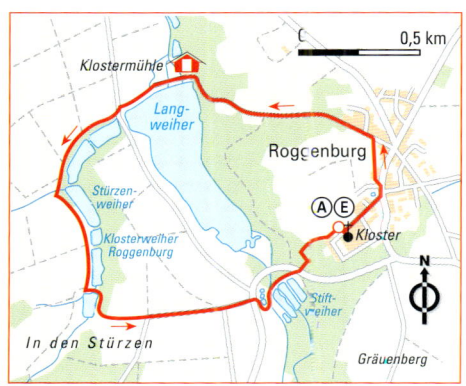

Auf der Suche nach Wassertieren

26 Auf die Bäume, fertig, los!

Spaß und Adrenalin im Kletterwald »Robins Wood«

Waldklettergärten erfreuen sich bei Jung und Alt immer größerer Beliebtheit. Besonders schön angelegt ist der Kletterwald »Robins Wood« in der Nähe von Schloss Scherneck vor den Toren Augsburgs.

Wer Mut, Ausdauer und Geschicklichkeit unter Beweis stellen möchte, hat im Kletterwald die beste Gelegenheit. Bei »Robins Wood« warten, verteilt auf neun Parcours mit unterschiedlichen Schwierigkeitsgraden, über 90 Kletterelemente in einer Höhe von einem bis 15 Metern. An Seilen, baumelnden Reifen, Leitern, hängenden Balken und schwingenden Brettern heißt es balancieren, klettern und schwingen. Viele kleine Details wie ein Bobby-Car auf Seilen, eine Fassgondelüberfahrt oder eine 64 Meter lange Seilrutsche sorgen für Abwechslung. Station für Station müssen wir uns neuen Herausforderungen stellen. Spätestens nach dem Besuch des Kletterwaldes wissen wir, was sich hinter den Namen »Tarzan Swing, Zick Zack, Snowboard, Big Rope, Net Tube und Deep Buckets« verbirgt.

Für die Klettertour müssen die Besucher außer Sportlichkeit keine Voraussetzungen mitbringen. Allerdings sollten sie bequeme Bekleidung

---

■ **Anfahrt:** Autobahn A 8, Ausfahrt Augsburg-Ost, in Richtung Neuburg/Donau, in Mühlhausen am Wegweiser Schloss Scherneck links abbiegen, kurz vor Rehling in Richtung Au/Scherneck rechts abbiegen, dann links nach Schloss Scherneck, ab hier Hinweisschildern »Kletterwald« folgen
■ **Öffnungszeiten:** Mitte April bis Mitte Oktober, genaue Uhrzeiten unter www.robins-wood.de
■ **Preise:** 2 Std.: Erwachsene 17 Euro, Kinder (8–12 Jahre) 11 Euro, Jugendliche (13–17 Jahre) 13 Euro. 3 Std.: Erwachsene 22 Euro, Kinder (8–12 Jahre) 14,50 Euro, Jugendliche (13–17 Jahre) 17,50 Euro
■ **Altersempfehlung:** Ab 8 Jahren (Mindestgreifhöhe 155 cm)
■ **Anschrift:** Scherneck 2b, 86508 Rehling
■ **Informationen:** Tel. 08237/953 80 90, info@robins-wood.de, www.robins-wood.de
■ **Einkehr:** Gastronomie »Schloss Scherneck«

»Wipfelstürmer« in Aktion

und festes Schuhwerk tragen. Für die notwendige Ausrüstung in Form von Helmen und Gurten sorgt »Robins Wood«. Nach einer Sicherheitseinweisung durch das speziell geschulte Personal kann das Kletterabenteuer unter den Baumwipfeln beginnen.

»Robins Wood« zählt zu den größten Kletterwäldern in Bayern. Er liegt wunderschön in einem großen zusammenhängenden Lindenwald, was ihn ebenfalls zu etwas Besonderem macht. Eine gemütliche Sitzmöglichkeit gibt es am Kassenhäuschen. Dort kann man auch Getränke, Eis und Süßes kaufen. Für Energienachschub ist also bestens gesorgt. Wer den Kletterlustigen »nur« zusehen möchte, ist hier ebenfalls herzlich willkommen.

Weiterer Klettergarten:

■ **Waldseilgarten Wallenhausen** in der Habsburger Str. 59, 89264 Weißenhorn-Wallenhausen. Öffnungszeiten und Preise unter www.waldseilgarten-wallenhausen.de. Acht Parcours mit unterschiedlichen Höhen- und Schwierigkeitsgraden und über 90 Einzelelementen. Für Kinder ab drei Jahren warten fünf Bambiniparcours. Außerdem: Crash-Kurs im Bogenschießen und im Sommer Sonnenblumen-/Maislabyrinth.

27 Trichtergruben, Klanghölzer und vieles mehr …

Der Walderlebnispfad im Aichacher Grubet

Wie haben Menschen im Mittelalter Eisenerz abgebaut? Wie weit springen Hase und Hirsch? Wie fühlen sich Reisig und Zapfen barfuß an? Der liebevoll angelegte Pfad westlich von Aichach verrät es uns.

Wir beginnen unsere Rundtour mit dem Besuch des Informationspavillons am Parkplatz. Hier erfahren wir, wie die Menschen vor über 1000 Jahren Eisenerz abgebaut und zu Metall verarbeitet haben – außerdem, welche Pflanzen und Tiere im Wald vorkommen. Die Übersichtstafel vor dem Pavillon verschafft uns einen Überblick über den Verlauf des Pfades. Wir gehen rechts am Grubethaus vorbei und gelangen bald zur ersten Station. Ebenso wie an den Stationen zwei und drei geht es dort um das Thema »Baum«.

■ **Anfahrt:** Autobahn A 8, B 300, in Richtung Schrobenhausen, Ausfahrt Aichach-West, in Richtung Unterschneitbach, dort der Beschilderung »Grubethaus Walderlebnispfad« folgen, nach Verlassen des Orts ca. 300 Meter geradeaus und dann rechts abbiegen, nach weiteren 900 Metern erreichen wir das Grubethaus

■ **Ausgangs- und Endpunkt:** Bei der Übersichtstafel zwischen Grubethaus und Informationspavillon

■ **Weglänge:** Etwa 2 Kilometer

■ **Dauer:** 1–1,5 Std.

■ **Tourencharakter:** Einfacher und abwechslungsreicher Waldpfad, überwiegend schattig, für Kinderwagen geeignet

■ **Öffnungszeiten/Preise:** Der Pfad ist ganzjährig frei zugänglich

■ **Altersempfehlung:** Ab 3 Jahren

■ **Anschrift:** Am Grubet 1, 86551 Aichach

■ **Informationen:** Stadtverwaltung Aichach, Tel. 8251/90 20, rathaus@aichach.de, www.aichach.de

■ **Einkehr:** Grubethaus, gut & günstig mit Spielplatz, nur am Wochenende geöffnet

Spannend wird es an der vierten Station. Sie erläutert den frühgeschichtlichen Eisenerzabbau und den Aufbau einer Trichtergrube. Das Aichacher Grubet zählt zu den größten Eisenerzschürffeldern im nördlichen Al-

Ein Klangerlebnis der besonderen Art

penvorland. Hier befinden sich die Überreste von ca. 3500 Eisenerzgruben mit Durchmessern von 1 bis 6 Metern und Tiefen bis zu ca. 3 Metern. Kleine Entdecker dürfen die Gruben links und rechts des Weges genauestens erkunden.

An Station sieben dürfen wir zählen, und zwar die Jahresringe am Querschnitt eines Eichenstammes. Bald darauf gelangen wir zu einer Sprunggrube links des Weges. Rechts folgt ein Rotwildgehege. Vom Hochstand haben wir einen besonders guten Blick auf das eingezäunte Areal.

Weiter gehen wir abwärts und an der nächsten Weggabelung links. Hier treffen wir auf einen schönen Rastplatz mit wunderbarem Blick auf Wiesen und Felder. Die Station elf widmet sich dem Thema »Wald spendet Wasser«. Einmal kräftig gepumpt und der hübsche Brunnen erfrischt uns mit seinem klaren Wasser. Beim Barfußpfad heißt es: Schuhe und Strümpfe ausziehen, Augen zu und durch. Angenehm, wie sich Moos, Zapfen und Co. anfühlen.

Nach Station 14 verlassen wir den Wald, gehen weiter geradeaus und biegen am Eichhörnchen-Pfeil links ab. An Station 15 treffen wir auf verschiedenartige Holzinstrumente. Nach einem interessant klingenden Konzert gehen wir ein kurzes Stück bergauf durch den Wald und kommen wieder zum Grubethaus. Im Biergarten wartet eine deftige Brotzeit auf uns.

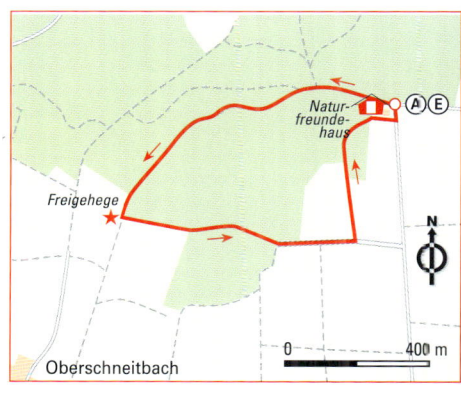

Zwischen Wehrgang und
Gerichtsgebäude auf der Harburg

Abenteuer drinnen

28 Der Stein vom Mond

Das Rieskrater-Museum in Nördlingen

Ein riesiger Steinmeteorit stürzte vor rund 15 Millionen Jahren auf die Erde und hat den Rieskrater geschaffen. Im Rieskrater-Museum erfahren wir, wie es zu solchen kosmischen Katastrophen kommen kann und wie das Ries vor und nach dem Einschlag aussah.

Das 1990 eröffnete Rieskrater-Museum ist etwas Besonderes, denn es ist einem ganz besonderen Ereignis gewidmet: dem Einschlag eines etwa einen Kilometer großen Meteoriten auf die Alb-hochfläche, der Geburtsstunde des Nördlinger Rieses. Durch den Aufprall entstand ein rund 25 Kilometer großer Doppelringkrater.

Tipp
Die Eintrittskarte gilt am selben Tag auch für das **Stadtmuseum** gegenüber. Themen der Ausstellung: Handel und Messe, Zunft und Handwerk sowie Gerichtsbarkeit.

Der Rundgang durch das Museum beginnt im Eingangsbereich. Eine seltene Luftbildaufnahme und ein Modell geben einen Überblick

■ **Anfahrt:** Von der B 25 kommend über die Nördlinger Umgehungsstraße zur Kaiserwiese oder zum Baldinger Tor, dort parken, da es in der Innenstadt nur wenig Parkmöglichkeiten gibt, zu Fuß weiter durch das Baldinger Tor, an der nächsten Kreuzung links, nach ca. 50 Metern wieder links, am Stadtmuseum vorbei und geradeaus zum Rieskratermuseum

■ **Öffnungszeiten:** Mai bis Oktober Di–So 10–16.30 Uhr, November bis April Di–So 10–12 Uhr und 13.30–16.30 Uhr, geschlossen: 1. Januar, Faschingsdienstag, Karfreitag, 24. bis 26. und 31. Dezember

■ **Preise:** Erwachsene 4 Euro, Schüler 1,50 Euro, Familienkarte 8,50 Euro

■ **Altersempfehlung:** Ab 3 Jahren

■ **Führungen:** Kindgerechte Führungen nach Voranmeldung, für 3- bis 6-Jährige gibt es eine Museumskiste, die den Kindern das Riesereignis spielerisch näher bringt

■ **Anschrift:** Eugene-Shoemaker-Platz 1, 86720 Nördlingen

■ **Informationen:** Tel. 09081/847 10, rieskratermuseum@noerdlingen.de, www.rieskratermuseum.noerdlingen.de

■ **Einkehr:** Gastronomie im Stadtzentrum

über das Ries. Im zweiten von insgesamt sechs Ausstellungsräumen finden wir uns plötzlich in anderen Sphären wieder. Linker Hand sind die Planeten und Monde unseres Sonnensystems mit ihren Kratern abgebildet. Eine Schautafel erläutert alle möglicherweise vorkommenden Kraterarten, und in Schauvitrinen liegen Eisen-, Stein- und Steineisenmeteoriten. Wir staunen nicht schlecht, was aus dem Weltall so alles auf die Erde fallen kann. Eindrucksvoll ist die Darstellung des inneren Sonnensystems mit Asteroidengürtel und Kometen. Sie zeigt uns, wie »nah« Asteroiden und Kometen an der Erde vorbeisausen.

Der erste Raum im Obergeschoss widmet sich der Geologie des Rieses vor dem Einschlag, den mechanischen Prozessen bei der Kraterbildung sowie der Deformation und Umwandlung der Gesteine aufgrund von Meteoriteneinschlägen. Zu den Höhepunkten des Museums zählt zweifelsohne die Diashow im mittleren Ausstellungsraum. Wir nehmen Platz auf den halbrunden Bänken und erleben den Einschlag des Riesmeteoriten auf eindrucksvolle Art und Weise. Anschließend begutachten wir die im Raum verstreut liegenden typischen Riesgesteine wie Suevit, Bunte Breccie, Moldavite und Reuter'sche Blöcke. Wie Leben in den Rieskrater zurückgekehrt ist und wie der Rieskrater und seine Gesteine in der Folgezeit genutzt wurden, erfahren wir im nächsten Raum.

Wir gehen abwärts und stoßen auf den Impakt-Simulator. An diesem können wir Einschläge von Meteoriten unterschiedlicher Größe selbst erzeugen. Schließlich wartet noch der krönende Abschluss: der »Stein vom Mond«. Er kam 1972 mit der Apollo-16-Mission auf die Erde.

Nach dem eindrucksvollen Museum besuchen wir noch den Steinlehrgarten hinter und das Geoparkzentrum gegenüber dem Museum.

Ein »Außerirdischer« – der Mondstein

29 Mann ohne Kopf

Im Museum »augenblick« in Nördlingen

Es geht auch ohne Fernsehen, Laptop & Co. Das demonstriert das Museum »augenblick«. Optische und akustische Attraktionen führen zu den Anfängen unserer Mediengesellschaft, als das Massenmedium Fernsehen noch in weiter Ferne lag.

Das private Museum befindet sich im Untergeschoss eines wunderschön restaurierten Fachwerkhauses gleich hinter der St. Georgskirche. Um Einlass zu bekommen, müssen wir klingeln. Günther Holzhey, der Museumsbesitzer, empfängt uns. Eine geheimnisvolle Welt öffnet ihre Pforten. Der L-förmige Museumsraum ist abgedunkelt. Überall stehen »seltsame« Geräte und hängen interessante Gemälde.

Das Programm beginnt. Günther Holzhey löscht das Licht. Nur durch ein kleines Loch in der Abdunklung des Fensters strömt noch Licht nach innen und »projiziert« Bilder an die Wand. Die stehen allerdings auf dem Kopf. Warum das so ist, erfahren wir sogleich vom Museumsleiter. Nächste Station ist das Trommelkino. Ein Blick in die sich drehende Wundertrommel zeigt einen Mann, der den Kopf verliert. So dramatisch wie es klingt, ist es aber nicht. Dem Daumenkino nahe ist das ausgestellte, sogenannte »Mutoscope«. Gemäß dem Hinweisschild »Turn the crank and see the show« müssen wir am Gerät kurbeln, damit der »Film« beginnt. Zum Gruseln schön ist es am Klavier, denn hier gibt ein Geisterpianist einen Boogie-Woogie zum Besten.

Schließlich bittet der sympathische Museumsbesitzer seine Gäste, auf den Bänken vor einer

■ Anfahrt: In Nördlingen den Wegweisern »Stadtmitte« folgen, das Museum liegt mitten im Stadtzentrum an der Südseite der St. Georgskirche mit dem weithin sichtbaren Kirchturm »Daniel«, Parkplätze direkt neben dem Museum

■ Öffnungszeiten: Ganzjährig Fr–So 15–17 Uhr, Anmeldung erwünscht, für Gruppen ist ein Besuch nach Voranmeldung jederzeit möglich

■ Preise: Erwachsene 5 Euro, Kinder 3 Euro

■ Altersempfehlung: Ab Vorschulalter

■ Anschrift: Pfarrgasse 2, 86720 Nördlingen

■ Informationen: Günther Holzhey, Tel. 09081/281 83, musica.magica@t-online.de, www.musicamagica.de

■ Einkehr: Cafés und Gaststätten im Stadtzentrum

Kino einmal anders

großen Leinwand Platz zu nehmen. Was jetzt wohl kommt? Wir werden nicht lange auf die Folter gespannt. Uns erwartet eine Darbietung mit der Laterna Magica, zu Deutsch »Zauberlaterne«. Dieses Projektionsgerät kam lange vor unserer Zeit zum Einsatz, als die heute verbreiteten Medien noch nicht erfunden waren. Da Menschen schon immer Interesse an Bildern und Geschichten hatten, reisten Bänkelsänger, Guckkastenmänner und Laterna-Magica-Spieler durch die Lande und kamen diesem Bedürfnis nach. Die Bilder der Laterna Magica wurden groß auf eine weiße Wand projiziert. Im 19. Jahrhundert avancierte sie sogar zum Massenmedium. Nach ein paar einleitenden Worten geht es auch schon los. Gezeigt werden Reiseabenteuer im 19. Jahrhundert und Märchen für Jung und Alt. Günther Holzhey spricht zu den gezeigten Bildern. Am Ende der Vorstellung dürfen die Besucher alle Museumsstücke ausgiebig begutachten.

30 Landleben anno dazumal

Das Rieser Bauernmuseum in Maihingen

Ein abwechslungsreiches Museum in idyllischer Dorfkulisse. Unter dem Motto »Geschichte erleben« zeigt das Rieser Bauernmuseum, wie die Rieser Bevölkerung gewohnt, gearbeitet, sich versorgt und gekleidet hat.

■ **Anfahrt:** Auf der B 25 nach Marktoffingen, beim Hinweisschild auf die Kreisstraße abbiegen und weiter nach Maihingen, dort beim Hinweisschild links abbiegen und der Straße weiter folgen

■ **Öffnungszeiten:** 15. März bis 13. Juni, 16. September bis 21. Februar Di–Do, Sa, So 13–17 Uhr, 14. Juni bis 15. September Di–So 10–17 Uhr, an Feiertagen geöffnet

■ **Preise:** Erwachsene 2,50 Euro, Kinder (6–16 Jahre) 0,50 Euro, Familienkarte 5 Euro

■ **Altersempfehlung:** Ab 4 Jahren

■ **Anschrift:** Klosterhof 3 + 8, 86747 Maihingen

■ **Informationen:** Tel. 09087/92 07 17-0, rbm@bezirk-schwaben.de, www.rieser-bauernmuseum.de

■ **Einkehr:** »Klosterschenke«, »Gasthaus Zur Sonne«

Das Museum verteilt sich auf zwei Wirtschaftsgebäude einer barocken Klosteranlage. Das erste Gebäude, das ehemalige Brauhaus, umfasst die Themen »Leben, Wohnen, Arbeiten, Warenversorgung und medizinische Betreuung«. Der Rundgang durch die Dauerausstellung beginnt im ersten Stock. Zahlreiche Exponate und ein Film erläutern die mühsamen Arbeitsschritte zur Herstellung von Leinen aus Flachs.

Möbel so weit das Auge reicht! Im zweiten Obergeschoss sind nicht nur einfache Gebrauchsmöbel wie Tisch, Stuhl und Bett ausgestellt, sondern auch viele kostbare, bemalte Möbel aus Rieser Werkstätten. In der Schulstube testen wir gleich mal die alten Schulbänke, inspizieren die Tintenfässer und bedienen den großen Rechenschieber. Eine nachgebaute

Tipp

Während der Museumssaison finden zahlreiche **Veranstaltungen** statt: Beispielsweise Kartoffelfest, Musikantentag, Schnitterfest, Kräuterfest. Vielfältiges Ferienprogramm in den Oster-, Pfingst- und Sommerferien. Siehe unter www.rieser-bauernmuseum.de/ »Terminkalender«.

Milchkannen gehörten früher zum Ortsbild

Schneiderei und eine Hafnerwerkstatt zeigen einen Ausschnitt ländlichen Handwerks. Im Ausstellungsteil »Von der Taufe bis zum Tod« sehen wir Gegenstände, Kleidungsstücke und Fotos zu den Lebensstationen Taufe, Konfirmation, Kommunion, Hochzeit und Tod. Hier darf natürlich die Rieser Tracht mit ihren Bänderhauben und Wolkenröcken nicht fehlen.

Der Rundgang führt uns weiter in den dritten Stock. Dort ziehen uns der dörfliche Kaufladen und die städtische Milchhandlung förmlich an. Sie stammen beide aus den 20er-Jahren. Mit welchen Instrumenten Ärzte in der Zeit um 1950/60 arbeiteten, sehen wir in einer Arzt- und einer Zahnarztpraxis. Die Läden und Praxen sind originalgetreu eingerichtet.

Im Keller erwartet uns schließlich noch eine Sammlung von Waschmaschinen. Sie führt uns die Entwicklung von der einst schweren Handarbeit zur Automatisierung vor Augen. Im Erdgeschoss des Museums finden regelmäßig Sonderausstellungen statt. Kindgerechte Texte, Quizfragen und Aktionen machen die jeweiligen Themen für Kinder einfach zugänglich.

> **Tipp**
>
> Im gesamten Gemeindegebiet gibt es **Lehrpfade** zu den Themen Landwirtschaft, Obstbau, Feucht- und Trockengebiete, Geologie, Dorfgeschichte und Wasserwirtschaft.

Im zweiten Gebäude, in der ehemaligen Klosterökonomie, erfahren wir, wie sich die Rieser Landwirtschaft in den Jahren 1800 bis 1950 gewandelt hat. Wesentliche Veränderungen waren z. B. das Wegfallen der Handdienste und der Abgaben an Kirche oder Grundherrn, die Vollmechanisierung und der Einsatz von Düngemitteln. Inszenierungen typischer Alltagssituationen, Fotos, Filme, Hörbeispiele und Modelle zum Ausprobieren zeigen diesen Wandel in besonders anschaulicher Weise.

31 Holzauge, sei wachsam!

Die Harburg zwischen Donauwörth und Nördlingen

Die imposante, erstmals im Jahr 1150 erwähnte Ritterburg entführt uns in die Welt des Mittelalters. Über den Wehrgang wandeln wir zu düsteren Gefängniszellen, hohen Türmen und prunkvollen Burggebäuden.

Die Harburg ist eine Burg wie aus dem Bilderbuch. Mit ihren Türmchen, Häusern und Mauern erhebt sie sich mächtig über die Stadt gleichen Namens. Sie ist im Besitz des Fürstenhauses Oettingen-Wallerstein und zählt zu den größten, besterhaltenen und ältesten Burganlagen in Süddeutschland.

■ **Anfahrt:** Auf der B 25 nach Harburg und dort Hinweisschildern folgen

■ **Öffnungszeiten:** Mitte März bis Ende Oktober Di–So 10–17 Uhr, Montag Ruhetag – außer Oster- und Pfingstmontag

■ **Preise:** Erwachsene 5 Euro, Kinder (ab 3 Jahren) 3 Euro

■ **Altersempfehlung:** Ab 3 Jahren

■ **Führungen:** Finden stündlich statt

■ **Anschrift/Informationen:** Burgstraße 1, 86655 Harburg, Tel. 09080/968 60, burg-harburg@fuerst-wallerstein.de, www.burg-harburg.de

■ **Einkehr:** »Zur Burgschenke« mit Biergarten

Wir betreten die Burganlage von Süden durch das Untere Tor. Weiter gehen wir durch das Innere Tor, passieren die Rote Stallung und gelangen durch das Obere Tor mit riesigem Fallgitter in den Burginnenhof. Sofort fühlen wir uns ins Mittelalter versetzt. Wir stellen uns vor, wie Ritter auf den Wehrgängen Wache hielten, Frauen Wasser aus dem Brunnen holten und Kinder ums Lagerfeuer hüpften. Meist lebten zwischen 50 und 60 Menschen auf der Burg.

Nach der Besichtigung des Burghofs machen wir eine Burgführung. Karten gibt es in der ehemaligen Pfisterei rechts vom Burggarten zu kaufen. Die Führungen beginnen stündlich vor der Burgkapelle »Sankt-Michael«. Gemeinsam betreten wir die Michaeliskirche und erhalten Informationen über die Entstehungsgeschichte der Burg und deren Besitzer heute und in der Vergangenheit. Weiter geht es durch den Burggarten über den Wasserturm hinauf zum Wehrgang. Dort erklärt uns die Burgführerin die ver-

Blick auf das Obere Tor mit Fallgitter und Vogtei

schiedenen Typen von Schießscharten. Wir werden hellhörig, als sie uns erzählt, woher das Sprichwort »Holzauge, sei wachsam!« stammt. Weitere Stationen der Führung sind der Weiße Turm mit Rüstkammer, der Gefängnisturm mit »Gefangenem«, das Gerichtsgebäude oder Kastenhaus und der Bergfried. Aufgepasst: Im Bergfried spukt es. Im Fürstenhaus endet die Führung. Hier sehen wir Ausstellungsstücke rund um die Jagd und erfahren, was es mit dem Sprichwort »Die Klappe halten« auf sich hat.

Sehr empfehlenswert ist der 20- bis 25-minütige Schloss-Rundwanderweg um die Burganlage, über den man wieder zum Parkplatz gelangt. Der »Panoramaweg« gewährt tolle Ausblicke auf die Stadt Harburg und die Wörnitz. Beim Inneren Tor folgen wir dem Wegweiser »Stadtweg«. An der nächsten Weggabelung laufen wir rechts bergauf und folgen stets dem schmalen Weg entlang der Burgmauer bis zum Parkplatz. In der Nähe des Parkplatzes befindet sich auch ein großer Kinderspielplatz.

32 Friedebald, Ilsebill und Däumlinchen

Im Käthe-Kruse-Puppen-Museum in Donauwörth

Es begann mit einer einfachen Puppe aus einem Handtuch, einer Kartoffel und Sand. Käthe Kruse hatte diese auf Wunsch ihrer Tochter angefertigt. Es sollten viele weitere folgen. Das Puppenmuseum präsentiert einen Ausschnitt ihres Schaffens.

Das Puppenmuseum im ehemaligen Kapuzinerkloster in der Donaustadt begeistert nicht nur junge Puppenmütter. Auch Jungs kommen auf ihre Kosten, vor allem wenn sie in die Vitrine mit den Soldatenfiguren blicken. Das Besondere an den Figuren ist ihr Drahtskelett, das den Soldaten große Beweglichkeit verleiht. Sichtbar wird das patentierte Skelett im ausgestellten Röntgenbild.

■ **Anfahrt:** B 2, Ausfahrt Nürnberg/Donauwörth Nord, in Richtung Donauwörth, immer geradeaus auf die Nürnberger Straße, die dann in die Berger Allee und schließlich in die Pflegstraße übergeht, das Museum ist auf der linken Seite, Parkplätze etwa 50 Meter rechts nach dem Museum
■ **Öffnungszeiten:** April und Oktober Di–So 14–17 Uhr, Mai und September Di–So 11–17 Uhr, Juni bis August Di–So 10–17 Uhr, November bis März Mi, Sa, So, Feiertage 14–17 Uhr, 25. Dezember bis 6. Januar täglich 14–17 Uhr, an Feiertagen hat das Museum auch montags geöffnet, geschlossen: Karfreitag, 24. Dezember
■ **Preise:** Erwachsene 2,50 Euro, Kinder (über 6 Jahre) 1,50 Euro, Familien 4,50 Euro
■ **Altersempfehlung:** Ab 4 Jahren
■ **Führungen:** Mai bis September jeweils sonntags 15 Uhr, nach Vereinbarung auch außerhalb der Öffnungszeiten
■ **Anschrift:** Pflegstr. 21a, 86609 Donauwörth
■ **Informationen:** Städt. Museumsleitung, Tel. 0906/789-170, museen@donauwoerth.de, www.donauwoerth.de
■ **Einkehr:** Gastronomie im Zentrum, »Café am Mangoldfelsen« in der Grünanlage hinter dem Museum

Das liebevoll eingerichtete Museum beherbergt über 150 Puppen der weltweit berühmten, aus Dambrau bei Breslau stammenden Künstlerin Käthe Kruse. Neben Spielpuppen aus der Zeit von 1912 bis

Die berühmten Puppen von Käthe Kruse

heute sind auch Schaufenster- und Puppenstubenfiguren zu sehen. Die überwiegend in Handarbeit gefertigten Puppen werden in kunstvoll gestalteten Szenen gezeigt, beispielsweise beim Picknick, beim Waschen oder in der Schule. Alle Puppen haben wohlklingende Namen wie Sternschnuppchen oder Hampelchen. Eindrucksvoll sind außerdem die lebensechten Schaufensterfiguren im »Fotoatelier Jochen Kruse«, im Besonderen die Exotenfiguren, die Käthe Kruse für die Weltausstellung 1939 in New York angefertigt hat. Ein separater Raum zeigt die Herstellung der Spielpuppen in den Werkstätten früher und heute. Mehr über die Produktion der Puppen und das Unternehmen erfahren wir in einem Videofilm sowie in Originalinterviews mit Käthe Kruse.

Über das Leben von Käthe Kruse, ihre Familie, die Firmengeschichte in Bad Kösen und Donauwörth sowie die Geschichte der Puppe im Allgemeinen informieren zahlreiche Tafeln. Nach Donauwörth kam die Puppenproduktion nach dem Zweiten Weltkrieg, als die Stammwerkstätten in der sowjetisch besetzten Zone in Bad Kösen im heutigen Sachsen-Anhalt verstaatlicht wurden. Übrigens ist der bekannte Kinderbuchautor Max Kruse, der beispielsweise das »Urmel« erschuf, ein Sohn von Käthe Kruse.

Und nach dem Museumsbesuch? Nichts wie los zur Grünanlage hinter dem Museumsgebäude mit dem tollen Abenteuerspielplatz. Neben dem Spielplatz befinden sich Reste der alten Stadtmauer sowie der Mangoldfelsen, wo einst

> **Tipp**
> Wer noch Lust auf Bewegung und Sehenswürdiges hat sollte den etwa 50-minütigen **Altstadtrundweg** gehen – hierzu einfach dem Wegweiser am Spielplatz hinter dem Museum folgen.

die Burg Mangoldstein stand. Sie wurde im 10./11. Jahrhundert errichtet und im Jahr 1301 durch Albrecht I. von Österreich zerstört. Heute befindet sich dort eine Freilichtbühne, auf der alljährlich Aufführungen stattfinden.

33 Sprechende Eiche, Fühl- und Riechrätsel

Das Naturpark-Haus in Oberschönenfeld und noch vieles mehr

Egal ob Regen oder Sonne: Oberschönenfeld im »Naturpark Augsburg – Westliche Wälder« ist immer einen Besuch wert. Deutschlands älteste Zisterzienserinnenabtei lockt mit einem vielfältigen Angebot für die ganze Familie.

In Oberschönenfeld lässt sich ein Ausflugstag leicht füllen. Das Naturpark-Haus, das Schwäbische Volkskundemuseum, das Staudenhaus, eine Ausstellung landwirtschaftlicher Geräte, ein Brotladen mit selbst hergestelltem Holzofenbrot, ein weitläufiger Kinderspielplatz mit Pritschelstelle an der Schwarzach, ein Walderlebnispfad mit Grillplatz und ein gemütlicher Biergarten liegen hier dicht beieinander. Zwischen den Gebäuden der barocken Klosteranlage aus dem Jahr 1211 erstrecken sich viele Grünflächen, darunter der Museumsgarten.

■ **Anfahrt:** Auf der B 300 nach Gessertshausen, beim Hinweisschild Abtei Oberschönenfeld abbiegen und weiter in Richtung Fischach der Beschilderung folgen, kurz nach dem Ortsschild Oberschönenfeld links in den Parkplatz abbiegen

■ **Öffnungszeiten:** Naturpark-Haus: Di–So, Feiertage 10–17 Uhr, Winterpause Dreikönig bis Ende Februar, Volkskundemuseum: Di–So, Feiertage 10–17 Uhr, Staudenhaus: April bis Oktober Sa, So, Feiertage 13–17 Uhr

■ **Preise:** Kombikarte Volkskundemuseum und Naturpark-Haus: Erwachsene 3 Euro, Kinder (ab 6 Jahren) 1 Euro, Familienkarte 6 Euro, Staudenhaus: Erwachsene 1 Euro, Kinder 0,50 Euro

■ **Altersempfehlung:** Ab 3–4 Jahren

■ **Informationen:** www.naturpark-augsburg.de, www.schwaebisches-volkskundemuseum.de, www.heimatverein-landkreis-augsburg.de

■ **Einkehr:** »Klosterstüble« mit Biergarten

Großer Spielplatz zwischen Naturpark- und Staudenhaus

Wo man beginnt und was man alles besuchen möchte, hängt sicherlich von den einzelnen Interessen, dem Alter der Kinder und dem Wetter ab. Wir beginnen mit dem Naturpark-Haus, das die Dauerausstellung »Natur und Mensch im Naturpark« beherbergt. Sie zeigt, wie die Landschaft des Naturparks entstanden ist und wie die Menschen und Tiere in dieser Region leben und wirtschaften. Nachgebildete Landschaften, sogenannte Dioramen, stellen die heimischen Lebensräume wie Wald, Hecke, Wiese und Weiher mit der dort lebenden Tierwelt dar. Wir können Reh, Fuchs, Dachs, Marder, Vögel, Igel und viele weitere Tierarten ganz aus der Nähe betrachten. Besonders spannend sind die vielen Ratekästen, Fühl- und Riechrätsel, Holzpuzzles, Videofilme, Hörspiele und vor allem die 4000 Jahre alte »sprechende Eiche«, der wir gebannt lauschen.

> **Tipp**
> Gleich hinter dem Staudenhaus beginnt ein schöner, 2 Kilometer langer **Walderlebnispfad**, der in den Wald und – vorbei am Klosterweiher – zu einem Rast- und Grillplatz südlich des Klosters führt. Wer grillen möchte, muss sich allerdings vorher anmelden (Tel. 08291/85 84-0, siehe Tour 15).

Neben der Dauerausstellung zeigen regelmäßige Sonderausstellungen interessante Themen aus dem Naturpark, beispielsweise Tiere der Eiszeit, Bienen und Wespen oder Bilder aus dem tropischen Regenwald.

Ganz auf dem »Wir-wollen-was-lernen-Trip« gehen wir gleich nebenan zum Schwäbischen Volkskundemuseum. Die Dauerausstellung zeigt das

Das Staudenhaus birgt so manche Überraschung.

Alltagsleben der Bevölkerung von Bayerisch-Schwaben in den letzten 200 Jahren. Wir erfahren beispielsweise, wie die Landbevölkerung Lebensmittel verarbeitet und konserviert, wie sie Brot gebacken und Schweine geschlachtet hat. Außerdem, wie die Bauern vor der Mechanisierung in Handarbeit die Feldböden bearbeitet und abgeerntet haben.

Nun ist aber Schluss mit Wissen aufsaugen und wir eilen zum großen Museumsspielplatz. Er liegt unweit der Museen am Ufer der Schwarzach. Nach so viel Kopfarbeit toben wir uns an zahlreichen Spielgeräten so richtig aus. Bei schönem Wetter kann man die Schwarzach für Wasserspiele nutzen, denn im Bereich des Spielplatzes ist der mit Trittsteinen gestaltete Uferabschnitt gut zugänglich. Und die Eltern können es sich derweil auf der großen Wiese unter schattigen Bäumen gemütlich machen.

Vom Spielplatz sehen wir am gegenüberliegenden Ufer das Staudenhaus. Es zieht unser Interesse auf sich und wir beschließen, mit dessen Besichtigung unseren Besuch in Oberschönenfeld zu beenden. Das kleinbäuerliche Gebäude ist das letzte Strohdachhaus im Landkreis Augsburg. Ursprünglich stand es in der nahe gelegenen Ortschaft Döpshofen. Das zweistöckige Bauernhaus zeigt Gegenstände des alltäglichen Gebrauchs und so manche Kuriosität. Man darf gespannt sein.

Lagerfeuergeschichten 34

Das Märchenzelt in Augsburg

Wenn die Märchenerzähler mit ihren Geschichten beginnen, ist es mucksmäuschenstill in der mongolischen Jurte. Wie in alter Zeit sitzen wir gemütlich am Lagerfeuer und lauschen den spannenden Märchen.

Egal zu welcher Jahreszeit, das gemütliche Feuer mitten im Märchenzelt brennt immer. Und damit es nicht ausgeht, müssen die kleinen Zuhörer selbst Holz nachlegen. Dann wird der »zauberhafte« Märchenpunsch übers Feuer gehängt und, wenn er heiß ist, an alle verteilt. Bei manchen Vorstellungen wird sogar Stockbrot gebacken, und an Fasching, Halloween und bei Sondervorstellungen wie Kin-

Romantische Stimmung

dergeburtstagen ist Verkleidung ausdrücklich erwünscht. Das ist toll, denn verkleidet fällt es uns noch leichter, in die Märchenwelt einzutauchen.

Die Märchenerzähler Sonja und Matthias Fischer verfügen über ein großes Repertoire an Geschichten. Sie erzählen wunderbar und entführen uns in vergangene Zeiten und ferne Länder.

■ **Anfahrt:** Autobahn A 8, Ausfahrt Augsburg-West, auf der B 17 in Richtung Füssen/Landsberg. Bei der Ausfahrt Zentrum/Kriegshaber-Süd/Pfersee-Nord links abbiegen und an der zweiten Ampel wieder links in die Sommestraße. Vor dem Gebäude parken und Wegweisern folgen

■ **Vorstellungen:** Ganzjährig, Beginn 15, 16 oder 17 Uhr, Programm siehe unter www.maerchenzelt.de, Karten online oder telefonisch reservieren

■ **Preise:** Erwachsene/Kinder ab 5 Euro

■ **Altersempfehlung:** Vorstellungen ab 3, 5 und 6 Jahren

■ **Anschrift:** Sommestr. 30, 86156 Augsburg

■ **Informationen:** Sonja und Matthias Fischer, Tel. 08273/99 62 62, DasMaerchenzelt@t-online.de, www.maerchenzelt.de

■ **Einkehr:** Idyllischer Biergarten und Lokal »Der Rabe« im Kulturhaus »abraxas«

35 Eine Insel mit zwei Bergen …

Zu Gast im beliebten Augsburger Puppentheatermuseum

Wo wohnen eigentlich die berühmten Stars der Augsburger Puppenkiste? Im Puppentheatermuseum »Die Kiste« natürlich. Es beherbergt alle bekannten Marionetten wie Jim Knopf, Urmel, König Kalle Wirsch und das Sams.

Schon unzählige Male haben wir Jim Knopf und Urmel im Fernsehen gesehen. Deshalb ist es an der Zeit, unsere Lieblinge persönlich kennenzulernen. Wir machen uns auf den Weg ins Augsburger Puppentheatermuseum – übrigens mit mittlerweile über 500 000 Besuchern eines der erfolgreichsten Familien- und Kindermuseen Europas. Das im Jahr 2001 eröffnete Museum befindet sich im Obergeschoss der Augsburger Puppenkiste im Heilig-Geist-Spital in der Augsburger Altstadt.

Bevor wir unseren »Stars« von Angesicht zu Angesicht gegenüberstehen, informiert uns der Eingangsbereich des Museums über die Gründer und Macher des Marionettentheaters. Zahlreiche Tafeln liefern Bilder, Daten

■ **Anfahrt:** Auto: Richtung Stadtzentrum und Hinweisschildern City Galerie folgen, dort beste Parkmöglichkeit, ca. 10 Gehminuten bis zum Museum. Bahn/Bus: Vom Hbf mit der Linie 23 Richtung Hochzoll/Kuhsee oder mit der Linie 32 Richtung Zoo/Botanischer Garten bis zur Haltestelle Rotes Tor, alternativ vom Hbf mit der Tram Linie 3 Richtung Inninger Straße oder mit der Linie 2 Richtung Haunstetten-Nord bis zur Haltestelle Rotes Tor

■ **Öffnungszeiten:** Di–So 10–19 Uhr, bei öffentlichen Abendvorstellungen bis 19.30 Uhr, Kassenschluss 18 Uhr

■ **Preise:** Erwachsene 4,50 Euro, Kinder (4–12 Jahre) 2,90 Euro, Familien (2 Erwachsene, 2 Kinder) 11,40 Euro – jedes weitere Kind 2,40 Euro

■ **Altersempfehlung:** Ab 2–3 Jahren

■ **Führungen:** Anmeldung unter Tel. 0821/45 03 45-0, Dauer ca. 60 Min.

■ **Anschrift:** Spitalgasse 15, 86150 Augsburg

■ **Informationen:** Tel. 0821/45 03 45-0, info@diekiste.net, www.diekiste.net

■ **Einkehr:** Bistro im Foyer des Theaters

Wer kennt sie nicht? Jim Knopf, Lukas und Emma

und Fakten, beispielsweise über Walter und Rose Oehmichen, die 1948 die Puppenkiste gegründet haben. Der nächste Raum zeigt, wie die Marionetten vom Schnitzen und Ankleiden bis hin zum Malen des Gesichtes entstehen. Hier finden auch die regelmäßig wechselnden Sonderausstellungen statt. Exponate, interaktive Stationen und Filme bereiten die jeweiligen Themen der Sonderausstellung anschaulich und verständlich auf. In der Kinderecke finden kleine Besucher passend zum Thema Materialien zum Malen, Basteln oder auch Kostüme zum Verkleiden.

Langsam nähern wir uns dem Höhepunkt. Wir sind ganz aufgeregt, als wir weitergehen und alle »Klassiker« der Augsburger Puppenkiste in ihrer »natürlichen Umgebung« zu Gesicht bekommen. Jim Knopf und Lukas schippern mit der Lokomotive Emma übers Folienmeer, und der Scheinriese sieht vom Ufer aus zu. Urmel und seine Freunde sind auf der Insel Titiwu glücklich vereint. Weitere Darsteller bekannter Marionettenstücke, die hier ausgestellt sind: das Sams, der Löwe, die Blechbüchsenarmee, der Kleine König Kalle Wirsch, Räuber Hotzenplotz, Monty Spinneratz – übrigens der erste Kinofilm mit der Augsburger Puppenkiste – und viele mehr.

Zwischen den Schaubereichen erhalten wir Hintergrundinformationen zu den einzelnen Stücken. Besonders interessant ist der Monitor, der das »Making off« von Urmel zeigt. Darüber hinaus sind Kostümzeichnungen und Schriftstücke ausgestellt. In einem der beiden kleinen Kinos sehen wir uns die größten TV-Hits aus über 60 Jahren Augsburger Puppenkiste an.

Tipp

Wenn man schon mal hier ist, kann man den Museumsbesuch gut mit einer **Vorstellung im Puppentheater** verbinden. Der Spielplan und alles Weitere stehen unter www.augsburger-puppenkiste.de.

36 Im Reich der fliegenden Bälle

Das Ballonmuseum in Gersthofen

Wer flog als Erster mit einem Ballon ins Weltall? Wie funktionieren Heißluftballone? Welche Höhen erreichen sie? Die Antworten liefert Europas einzigartiges Ballonmuseum.

Im Gründungsjahr 1985 umfasste das Museum lediglich die fünf Etagen des alten Gersthofer Wasserturmes. Heute ist dort nur noch die Aeronautiksammlung des Ballonfahrers Alfred Eckert untergebracht. Im Jahr 2003 wurde das Museum um einen Neubau erweitert, sodass wir heute auf rund 1200 Quadratmetern Spektakuläres aus der Geschichte und Gegenwart der Ballonfahrt erleben können.

Im Foyer des Museums wird unser Blick sofort vom riesigen, in der Mitte schwebenden Ballon eingefangen. Unsere Neugier ist geweckt. Wenig später erfahren wir, dass es sich dabei um den originalgetreuen Nachbau des Ballons »Erdlieb« handelt. Damit versuchte Freiherr von Lütgendorf im Jahr 1786 als erster Deutscher von Augsburg und Gersthofen aus mit einem Ballon aufzusteigen – leider ohne Erfolg.

■ **Anfahrt:** B 2, Ausfahrt Gersthofen-Mitte, immer geradeaus ins Zentrum von Gersthofen, nach ca. 500 Metern kommt links der alte Gersthofer Wasserturm, er beherbergt einen Teil des Museums, Parkmöglichkeit auf der Rückseite des Gebäudes
■ **Öffnungszeiten:** Mi, Fr 13–17 Uhr, Do 10–19 Uhr, Sa, So, Feiertage 10–17 Uhr, geschlossen: 24., 25., 31. Dezember und 1. Januar
■ **Preise:** Erwachsene 3,50 Euro, Kinder (ab 6 Jahren) 1,50 Euro
■ **Altersempfehlung:** Ab 4 Jahren
■ **Führungen:** Nach Absprache (Anmeldeformular auf der Website)
■ **Anschrift:** Bahnhofstr. 12, 86368 Gersthofen
■ **Informationen:** Tel. 0821/249 15 06, ballonmuseum@stadt-gersthofen.de, www.ballonmuseum-gersthofen.de
■ **Einkehr:** Cafés rund ums Museum

Wir beginnen unseren Rundgang im zweiten Obergeschoss. Hier geht es um Technik und die Herstellung von Ballonen. Viele Exponate, Erläuterungstafeln sowie Kurzfilme zeigen, wie der Aufstieg in die Höhe erfolgt. Wer noch nie in einem Ballon gefahren ist, kann zumindest das Gefühl einer echten Ballonfahrt erleben, wenn er in den Korb des frei schwebenden Ballons steigt. Vom Korb blicken wir auf ein Modell der Ötztaler Alpen aus etwa 2000 Metern Höhe.

Wir gehen auf der großen Wendeltreppe ein Stockwerk tiefer und stoßen auf den Nachbau der Druckkugel, in der der Physiker Auguste Piccard 1931 von Augsburg aus erstmals in den Weltraum aufstieg. Er erreichte damals eine Rekordhöhe von 15 781 Metern. Den Spezialballon produzierte die Augsburger Ballonfabrik August Riedinger. An diesem sensationellen Flug können wir mittels Hörspiel, das einen Auszug aus dem Bordbuch wiedergibt, teilnehmen. Gleich nebenan

Die Druckkugel von Auguste Piccard

erfahren wir, wie der Ballon von Wissenschaft und Militär genutzt wird und zu welchen Rekorden, Pannen und Katastrophen es bislang mit Ballonen kam.

Wir kommen ins Erdgeschoss, das sich folgenden Themen widmet: der Ballon als Sensation bei Festen, das Ballonfahren als Freizeitvergnügen und Begeisterung der Menschen für Ballone. Interessant sind die Hörstationen berühmter Ballonfahrer.

Wunderbar abrunden lässt sich der Museumsbesuch mit der Ausstellung im Wasserturm aus dem Jahr 1906. Wer ganz oben angelangt ist, genießt einen grandiosen Ausblick auf Augsburg und Umgebung.

37 Wie alles begann

Das Naturmuseum in Augsburg

Auf eine spannende Reise durch die Erdgeschichte von der Entstehung des Lebens vor rund 3,8 Milliarden Jahren bis zur Gegenwart begeben wir uns im Naturmuseum Augsburg. Ausgestellt sind alle möglichen Tiere, Fossilien, Mineralien und Gesteine.

> **Tipp**
> Für Kinder ab dem Grundschulalter gibt es auf der Webseite des Naturmuseums unter »Museumspädagogik« **Arbeitsmaterialien** zum Herunterladen. Diese enthalten Fragen, beispielsweise zu Fossilien, die die Kinder während des Besuchs lösen können.

Von außen würde man gar nicht vermuten, was alles drinnen steckt. Das Naturmuseum begeistert große und kleine Besucher vor allem durch die vielen Tierexponate. Manche Tierarten würde man so nie zu Gesicht bekommen.

Das großzügig gestaltete Museum im Herzen Augsburgs erstreckt sich auf vier Etagen. Das Erdgeschoss widmet sich dem Thema »Molasse« und den Lebewesen, die vor Jahrmillio-

---

■ **Anfahrt:** Das Museum liegt etwas versteckt in den Augusta Arcaden im Stadtzentrum von Augsburg zwischen Rathaus, Dom und Stadttheater, aus allen Richtungen kommend der Beschilderung »Stadtmitte« folgen, Parkmöglichkeiten: Contipark Ludwigstraße, Parkhaus Ernst-Reuter-Platz, Parkgarage Annahof, Parkhaus Stadtmetzg
■ **Öffnungszeiten:** Di–So 10–17 Uhr
■ **Preise:** Erwachsene 3,50 Euro, Jugendliche (ab 10 Jahren) 2 Euro, Familienkarte (Eltern mit Kindern unter 18 Jahren) 7 Euro, am 1. Sonntag im Monat (ab 10 Jahren) 1 Euro
■ **Altersempfehlung:** Ab 4 Jahren
■ **Führungen:** Turnus-Führung am 1. Sonntag im Monat, weitere Führungen zu buchen unter Tel. 0821/324-67 32 oder -67 40
■ **Anschrift:** Ludwigstr. 2, 86152 Augsburg
■ **Informationen:** Tel. 0821/324-67 40, naturmuseum.stadt@augsburg.de, www.naturmuseum.augsburg.de
■ **Einkehr:** Cafés und Lokale in den Augusta Arcaden und im Stadtzentrum

nen um Augsburg lebten. Außerdem sind dort Überreste verschiedener Großsäuger wie Urelefanten, Säbelzahntiger, Nashörner und Kleinsäuger zu sehen. Tief beeindruckt blicken wir auf das riesige Skelett eines Elefanten, der früher im Augsburger Zoo lebte. Unter den bedeutendsten Exponaten ist hier der Unterkiefer eines fossilen Affen zu sehen.

In den Schauvitrinen im ersten Stock können wir zahlreiche Dioramen bestaunen. Sie zeigen nachgebaute mitteleuropäische Lebensräume mit der jeweils typischen Tierwelt, darunter die Alpen mit Steinbock, Alpenmurmeltieren, Schneemaus und Bartgeiern sowie die Küste und das Donauried mit verschiedenen Vogelarten.

In der zoologischen Abteilung im zweiten Obergeschoss können wir alle nur denkbaren Tiere ganz aus der Nähe betrachten. Ist schon irre, was die Natur alles hervorbringt. Interessant sind die ausgestellten Gegensätze in der Tier-

Beeindruckendes Elefantenskelett im Naturmuseum

welt, beispielsweise die größten und kleinsten Schmetterlinge und Käfer sowie das größte und kleinste Ei – außerdem Extremformen bei Insekten. Faszinierend ist die Mördermuschel, die größte Muschel der Erde.

Die dritte Etage umfasst die Themen »Erdgeschichte, Geologie und Mineralogie«. Der erdgeschichtliche Bereich erklärt anschaulich und für jeden verständlich die Erdzeitalter und die Entwicklung der Lebewesen. Die umfassende Mineraliensammlung zeigt die Vielfalt der Mineralien, beispielsweise fluoreszierende und Alpen-Mineralien. Weitere Themen: Meteoriten, Vulkanismus und Gesteinskreislauf.

Schön, dass es im Museum auch noch was »Lebendiges« zu sehen gibt. Das ganzjährig zu besichtigende Vivarium bietet die Gelegenheit, lebende Fische, Amphibien und Reptilien in ihrem Lebensraum zu beobachten. Großer Beliebtheit erfreuen sich die periodisch wechselnden Sonderausstellungen.

38 Es klappert die Mühle …

Klostermühlenmuseum in Thierhaupten

… an der Friedberger Ach. Was klappert eigentlich bei einer Mühle? Das Mühlrad ist es nicht, so viel sei schon mal gesagt. Die richtige Antwort verrät das Klostermühlenmuseum.

Wir haben es heutzutage einfach . Wenn wir Brot wollen, gehen wir zum Bäcker und kaufen welches. Wie viel schwerer hatten es die Menschen vor vielen Hundert Jahren. Für das tägliche Brot mussten sie das geerntete Getreide in mühevoller Arbeit mit Reibsteinen oder Handmühlen klein mahlen. Wie diese frühen Mühlen funktionieren, zeigt das Klostermühlenmuseum. Besucher dürfen Getreide mahlen und im Rahmen einer Führung selbst Brot backen. Der Ausstellungsraum im ersten Stock zeigt die verschiedenen Getreidearten und erklärt, wie sich die Ernte heute im Vergleich zu früher verändert hat. Im hinteren Raum ist ein Film über das Museum zu sehen.

Das Klostermühlenmuseum ist in einer ehemaligen Getreidemühle untergebracht. Diese gehörte ebenso wie die Papier-, Öl- und Sägemühle

---

■ **Anfahrt:** B 2, Ausfahrt Meitingen-Nord, auf der St 2045 nach Thierhaupten, dort von der Meitinger Straße halbrechts in die Herzog-Tassilo-Straße und nach etwa 450 Metern rechts in die Franzensgasse abbiegen, Parkmöglichkeit entlang der Straßen zum Museum
■ **Öffnungszeiten:** 1. Mai bis 31. Oktober Di, Do 9–12 Uhr, Mi, Fr, So, Feiertage 14–17 Uhr, Pfingstmontag (Mühlentag) 11–17 Uhr, jederzeit nach Vereinbarung
■ **Preise:** Erwachsene und Kinder (ab 6 Jahren) 1,50 Euro
■ **Altersempfehlung:** Ab 4–5 Jahren
■ **Führungen:** (Auch für kleine) Kindergruppen 10 Euro zzgl. 0,50 Euro für Papierschöpfen, zu buchen unter Tel. 08271/53 49 oder per Anmeldeformular auf der Website
■ **Anschrift:** Franzengasse 21, 86672 Thierhaupten
■ **Informationen:** Claudia Drachsler, Tel. 08271/53 49 oder /17 69, info@klostermuehlenmuseum.de, www.klostermuehlenmuseum.de
■ **Einkehr:** Gastronomie im Kloster

Mühlenstein im Ruhestand

am Ort zum Besitz des ehemaligen Benediktinerklosters. Das Museum ist eine wahre Augenweide. Die Friedberger Ach und der Vorplatz mit alten Mühlensteinen und Holzbohlen bieten den perfekten Rahmen für die liebevoll restaurierte Mühle. Das Museum, das sich über drei Stockwerke erstreckt, ist von innen viel größer, als es von außen scheint. Es zeigt die Technik der vier Mühlentypen. Im Bereich der Getreidemühlen wundern wir uns über ein »Wirrwarr« aus sogenannten »Elevatoren«. Darin befinden sich Förderbänder mit Schöpfkellen, die das Getreide nach der Reinigung von unten nach oben in den Vorratsbehälter transportierten. Lustig, dass es einen »Kleiekotzer« und eine »Sackausstäubemaschine« gibt.

Was Lumpensammler mit einer Mühle zu tun haben, erfahren wir bei der Papiermühle. Dort wird die alte Technik der Papierherstellung aus Lumpen vorgeführt. Wer möchte, kann hier selbst Papier schöpfen (nach Voranmeldung, ab 5 Jahren). Der Bereich der Ölmühle zeigt eine nachgebaute Ölstampfe, eine Presse und einen Wärmeofen. Öl wurde beispielsweise aus unseren heimischen Pflanzen Lein, Bucheckern und Raps gewonnen. Ein Modell führt vor, wie eine wassergetriebene Sägemühle funktioniert. Auf den Knopf gedrückt und los geht's!

Geht man vom Vorplatz rechts über die Brücke, gelangen wir zur großen Museumswiese mit dem Backhaus und dem »Göpelwerk« – einem Mahlstein, der von Tieren gezogen wurde. Daneben können Kinder an drei Handmühlen das Mahlen probieren.

39 Strom durch Wasser

Das Lechmuseum Bayern im Wasserkraftwerk Langweid

Das interaktive Museum informiert über Kraftwerkstechnik, die Natur und die kulturelle und wirtschaftliche Nutzung des Lechs. Besonders eindrucksvoll ist die begehbare historische Schauturbine.

Flüsse spielen seit jeher eine wichtige Rolle für den Menschen. So prägt auch der Lech seit Jahrtausenden das Alltagsleben entlang des Alpenflusses. Das Lechtal war Handelsweg, Siedlungsraum und Geschichtsschauplatz für Schlachten. Darüber hinaus bietet es noch heute Lebensraum für seltene Orchideen und Falter, bedrohte Amphibien und Reptilien sowie viele Vogelarten. Schließlich hat der Lech bei der Elektrifizierung Südbayerns eine wichtige Rolle gespielt. Das Kraftwerk in Langweid, das heute das Lechmuseum beherbergt, ging 1907 in Betrieb. Seitdem liefert es umweltfreundlichen Strom für die Region.

■ **Anfahrt:** B 2, Ausfahrt Langweid-Nord und den Hinweisschildern folgen
■ **Öffnungszeiten:** Jeden 1. Sonntag im Monat von 10–18 Uhr, Führungen jederzeit möglich
■ **Preise:** Der Eintritt ist frei
■ **Altersempfehlung:** Ab 6 Jahren
■ **Führungen:** Jederzeit, nach Voranmeldung, Führungen sind kostenlos
■ **Anschrift:** Lechwerkstr. 19, 86462 Langweid
■ **Informationen:** Lechwerke AG, Tel. 0821/328-16 58, lechmuseum@lew.de, www.lechmuseum.de

Am Eingang zum Museumsgelände stoßen wir auf den 3 mal 8 Meter großen Nachbau eines historischen Lechflosses. »Nichts wie rauf aufs Floß!« für alle, die einmal Flößer sein möchten. In Spitzenzeiten fuhren solche Flöße alle 15 bis 20 Minuten den Lech hinab. Auf dem Außengelände befindet sich zudem der Kraftwerkslehrpfad. An acht Stationen erfahren wir mehr über die Anlage, den Lechkanal, das Umspannwerk, den Damm sowie dessen Vegetation.

Bei der Konzeption der Ausstellung im Gebäude stand die interaktive und anschauliche Vermittlung von Wissen im Vordergrund. Das ist hier voll und ganz gelungen. Das Museum erläutert allen Altersstufen die Themen »Fluss und Tal, Natur und Geografie, Geschichte, Wasserkraftnutzung und Energieversorgung« in einfacher und klarer Art und Weise. Dabei werden Infor-

Technik, die fasziniert

mations- und Bildtafeln und Exponate wie historische Karten oder Ge-
röllsteine aus dem Lech eingesetzt. An Bildschirmen suchen die kleinen
Besucher beispielsweise Schätze am Lech oder erkunden die Tiere des
Lechtals und ihre Lebensräume.

Im Erd- und Untergeschoss des Museums erwartet uns der historische
Kraftwerksbereich mit der begehbaren Schauturbine und einem Genera-
tor aus dem Jahr 1907. Die Technik und Größe der Turbinen nehmen uns
hier regelrecht gefangen.

Das Dachgeschoss zeigt, wie aus der Wasserkraft von Flüssen Energie gewonnen wird, wie Strom funktioniert und wie er in die Steckdose kommt.
Aufschlussreich ist der etwa 25-minütige Dokumentarfilm, der den Lech
von der Quelle bis zur Mündung bei Marxheim zeigt.

Wünschenswert wäre, dass das sehenswerte Museum seine Öffnungszeiten ausdehnen würde.

40 Dem Wald ganz nah

Das Forstmuseum »Waldpavillon« in Augsburg

Das speziell für Kinder konzipierte und besonders hübsch gestaltete Museum zeigt die Aufgaben und Funktionen des Augsburger Stadtwaldes. Die vielen interaktiven Stationen laden zum Entdecken und Erleben ein.

Tipp
Der Waldpavillon bietet über das ganze Jahr verteilt **Führungen** und **Aktivitäten** zu verschiedenen Themenbereichen an. Näheres unter »Veranstaltungen« auf www.waldpavillon-augsburg.de.

Nanu, Filzpantoffeln? Wir wundern uns über die Kiste mit den roten und grünen Filzpantoffeln im Eingangsbereich. Nun gut, in Schlössern und Burgen sind diese oft zum Schutz der alten Böden zu tragen. Aber hier? Das Museum ist doch neu! Die Dame an der Museumskasse klärt uns auf, wann diese zum Einsatz kommen. Doch dazu später.

■ **Anfahrt:** Auto: B 17, Ausfahrt Zentrum/Messe-Uni, auf der B 300 (Rumplerstraße) in Richtung Stadtmitte, an der Haunstetter Straße links und an der nächsten Kreuzung rechts in die Ilsungstraße abbiegen, weiter bis zum großen Parkplatz der Sportanlage Süd. Bahn/Bus: Mit der Tram Linie 2 bis zur Haltestelle »Siemens« und etwa 200 Meter auf der Ilsungstraße zur Sportanlage Süd
■ **Öffnungszeiten:** Do 14–18 Uhr, So 13–18 Uhr, vom 1. Oktober bis 31. März zusätzlich Sa 13–17 Uhr, an Feiertagen geschlossen
■ **Preise:** Erwachsene 2 Euro, Kinder (ab 6 Jahren) 1 Euro, Familienkarte 4 Euro
■ **Altersempfehlung:** Ab 3 Jahren
■ **Führungen:** Terminvereinbarung Mo–Mi 13–15 Uhr unter Tel. 0821/324-61 17
■ **Anschrift:** Ilsungstr. 15a, 86161 Augsburg
■ **Informationen:** Stadtforstverwaltung Augsburg, Tel. 0821/324-61 10, waldpaedagogik.forst@augsburg.de, www.waldpavillon.de
■ **Einkehr:** »Waldgaststätte« im selben Gebäude

Hirschgeweih zum Anfassen

Zunächst gehen wir an einer halbrunden Wand vorbei, die mit Hölzern von heimischen Baumarten verkleidet ist. Hier lernen wir beispielsweise die Hölzer von Holunder, Linde und Kirsche kennen. Die Wand umschließt die sogenannte »Waldlichtung«, in der Filme in besonderem Ambiente gezeigt werden. Mehr wird nicht verraten! Dahinter folgt ein »bewaldeter« Holzblock. Hier können Durstige reines Augsburger Trinkwasser probieren.

Besonders sehenswert ist die Sammlung von Forstoberamtsrat a. D. Franz Sauter im Nebenraum. Bevor die jahrzehntelang gesammelten Exponate aus Fauna und Flora hierher kamen, waren sie im Siebenbrunner Waldmuseum beheimatet. Naturnah gestaltete Dioramen zeigen heimische Tiere wie Rehe, Biber, Dachs etc. Bemerkenswert ist die umfassende Insekten- und Vogelsammlung. Kuschelig wird es bei den ausgelegten Tierfellen, die wir alle befühlen und streicheln dürfen.

Kernstück der Ausstellung ist ein riesiger Abschnitt eines Buchenstammes. Er verrät uns, wie ein Baum lebt und wie er aufgebaut ist. Über ein Bodenfenster können wir das Wurzelwerk genau inspizieren. Ein kindgerechter Zeichentrickfilm erklärt die Fotosynthese. Viele weitere Konsolen und Spiele erweitern unser Wissen über den Wald.

Am Ende des rund 200 Quadratmeter großen Raumes ist es dann so weit. Wir müssen die Pantoffeln anlegen. Erst dann dürfen wir das Luftbild des Augsburger Stadtwaldes betreten. Die Aufnahme ermöglicht ein genaues Inspizieren des Stadtwaldes von oben. Mit einem Luftbild-Lineal können kleine Kartografen sogar die wahren Entfernungen zwischen zwei ausgewählten Punkten messen.

Seit Frühjahr 2010 ist der Waldpavillon um eine Attraktion reicher. Der Märchenpfad im Außengelände zeigt sechs bekannte Märchen. Dazwischen fordern Ratestationen zum Tüfteln, Schnuppern und Fühlen auf. Außerdem befindet sich dort das Biotop Brunnenbach.

41 Stoffe, Farben und Muster

Das Staatliche Textil- und Industriemuseum »tim« in Augsburg

Ratternde Webstühle bestaunen, Schädlinge unterm Mikroskop begutachten, Wolle kämmen und Faden spinnen. Das alles und mehr ist möglich im Textil- und Industriemuseum.

Allein schon das Museumsgebäude sollte in einem Museum zu bewundern sein. Denn das »tim« ist in einer der ältesten Fabriken Bayerns untergebracht, nämlich in der Augsburger Kammgarnspinnerei (AKS). Im Jahre 1836 vom Unternehmer Friedrich Merz gegründet, war die AKS der erste große Industriebetrieb der Stadt und zeitweise sogar die größte Kammgarnspinnerei in der Bundesrepublik. Das im Januar 2010 eröffnete »tim« befindet sich heute im sogenannten Kopfbau und in den angrenzenden Shedhallen.

Auf rund 2500 Quadratmetern lädt das lebendige Mitmach-Museum Jung und Alt zum Sehen, Hören, Riechen, Fühlen und Staunen ein. Für Kinder gibt es sogar einen eigenen Museumspfad mit vielfältigen Aktivbereichen. Hier dürfen die kleinen Besucher alles anfassen und ausprobieren. Wer wollte nicht schon immer mal Stoffe weben und Stoffdrucke mit Modeln und viel Farbe herstellen?

Verpassen sollte man auf keinen Fall die Maschinenvorführung in der museumseigenen Weberei. Eine Vorbuchung ist nicht nötig. Termine für Führungen sind von Dienstag bis Samstag ab 10 Uhr alle zwei Stunden und am Sonntag ab 10 Uhr stündlich. Treffpunkt ist am Eingang zur gläsernen Maschinenhalle. Laut

■ **Anfahrt:** Auto: In Augsburg der Beschilderung »Zentrum« und dann den Hinweisschildern »tim« folgen, rund um das Museum gibt es genügend Parkplätze. Bahn/Bus: Tram Linie 6 ab Hbf oder Friedberg-West bis Haltestelle Textilmuseum

■ **Öffnungszeiten:** Di–So 9–18 Uhr, Montag Ruhetag

■ **Preise:** Erwachsene (ab 18 Jahren) Di–Sa 4 Euro, So 1 Euro

■ **Altersempfehlung:** Ab 4 Jahren

■ **Führungen:** Spezielle Führungen für Kinder ab dem Kindergartenalter

■ **Anschrift:** Provinostr. 46, 86153 Augsburg

■ **Informationen:** Tel. 0821/810 01-50, info.tim@augsburg.de, www.tim-bayern.de

■ **Einkehr:** Museumsrestaurant »nunó«

Gut behutet!

geht es hier zu. Historische Webstühle rattern neben High-Tech-Maschinen und fertigen unter anderem das »tim-Schlossertuch« oder das »Fugger-Barchent«. Ein besonderer Service: Um den Lärm zu dämpfen, bekommt jeder Besucher Ohrenstöpsel überreicht.

Junge Designer gesucht! Die beeindruckende Musterbuchsammlung der Neuen Augsburger Kattunfabrik (NAK) zeigt Stoffmuster aus den 1780er bis 1990er-Jahren »Made in Augsburg«. Die Stoffmuster sind digitalisiert und lassen sich von Nachwuchsgestaltern auf über vier Meter hohe »Grazien« projizieren.

Wer tiefer in die Materie rund um die Textilindustrie in Augsburg einsteigen möchte, sollte die »Pavillons« besuchen. Sie informieren über die Industrialisierung, den Augsburger Weberaufstand und die Kaufmannschaft. Die bewegte Geschichte von Arbeitern, einflussreichen Unternehmern und Bankleuten wird hier lebendig dargestellt.

Zum Schluss gewährt das Museum noch einen Blick in die Zukunft der Textilindustrie. Im High-Tech-Bereich erfahren wir mehr über intelligente Kleidung, künstliche Muskeln und Karbonprodukte.

42 Kemit – das erste Schulbuch

Das Bayerische Schulmuseum in Ichenhausen

Schule ist für uns heutzutage ganz selbstverständlich, und an der Schulpflicht geht kein Weg vorbei. War das immer schon so? Wie entstand die Schule überhaupt? Seit wann gibt es Zeugnisse?

Fragen über Fragen. Auskunft gibt das Bayerische Schulmuseum in Ichenhausen. Wir sind von der Größe des Museums überrascht. Wir stehen vor einem Komplex aus drei Gebäuden, die durch Glasbrücken miteinander verbunden sind. Der Eingang befindet sich rechts, im modernen Erweiterungsbau. Im ersten Stock beherbergt er die Ausstellung »Die jüdische Schule in Bayern«.

Die Dauerausstellung im Unteren Schloss zeigt die Geschichte der Schule von der Steinzeit bis in die jüngste Neuzeit. Und hier liegt die Besonderheit des Museums. Im Gegensatz zu den sonstigen bayerischen Schulmuseen, die meist auf Regionen und die jüngere Schulgeschichte beschränkt sind, geht das Ichenhausener Museum weit zurück in die Vergangenheit. Genauer gesagt bis in die vor- und frühgeschichtliche Zeit, als die Menschen noch keine Schrift, dafür aber schon Werkzeug kannten. Im ersten der insgesamt zehn Schauräume ist eine Auswahl der damals üblichen Werkzeuge wie Faustkeil, Bohrer und Pflug ausgestellt. Im nächsten Raum erfahren wir, dass es in Sumer und Ägypten die ersten Schulen gab. In deren Kulturen wurden Bildzeichen zur Schrift, und Schreiben machte Schule. Etwa 2100 Jahre vor Christus ist wohl auch das erste Schulbuch »Kemit« entstanden. Interessant sind die gezeigten Utensilien, mit denen Ägypter schrieben. Schritt für

■ **Anfahrt:** Autobahn A 8, Ausfahrt Günzburg, auf der B 16 nach Ichenhausen, dort auf der Hauptstraße bleiben und vor der Kirche rechts abbiegen, Parkplatz vor dem Museum

■ **Öffnungszeiten:** Di–So 10–17 Uhr, geschlossen: 15. Dezember bis 20. Januar, Faschingsdienstag, Karfreitag, Ostermontag, 1. Mai, Fronleichnam, Allerheiligen

■ **Preise:** Erwachsene 2 Euro, Kinder (ab 6 Jahren) 1 Euro

■ **Altersempfehlung:** Ab 4 Jahren

■ **Führungen:** Zu buchen unter Tel. 08223/40 86-40, keine Führungsgebühr

■ **Anschrift:** Schlossplatz 3-5, 89335 Ichenhausen

■ **Informationen:** Tel. 08223/40 86-40, www.bayerisches-national-museum.de

■ **Einkehr:** »Zur Eisenbahn«

Schritt kommen wir bei unserem Rundgang durch die Ausstellung von den Schulen Griechenlands und Roms über das mittelalterliche zum neuzeitlichen Schulwesen. Besonders gut gefallen uns Ausstellungsstücke wie Kugelfisch, Haifischgebiss und Himmelsglobus im Kabinett der nützlichen Wissenschaften.

Unbedingt besuchen sollte man die zwei historischen Klassenzimmer im Erdgeschoss des Verbindungsgebäudes aus der Zeit um 1900 und aus der Weimarer Republik. Wem das Begutachten der alten Tafeln, Tische, Bänke, Lehrerpulte und Karten nicht reicht, kann für große Gruppen eine Unterrichtsstunde »wie zu Großvaters Zeiten« buchen. Für diese Aufgabe stehen Lehrer aus der hiesigen Schule zur Verfügung.

Lernen wie anno dazumal!

43 Ganz im Zeichen der Natur

Die Umweltstation »mooseum« in Bächingen an der Brenz

Das Schwäbische Donautal steht im Mittelpunkt der Bildungsstätte »mooseum«. Erlebnis- und Spielstationen laden Kinder zu einer Entdeckungsreise in dessen Natur- und Kulturgeschichte ein.

■ **Anfahrt:** Autobahn A 7, Ausfahrt Günzburg und auf der B 16 in Richtung Dillingen, beim Hinweisschild Sontheim/Bächingen a.d. Brenz links abbiegen, in Bächingen gleich nach dem Ortsschild rechts abbiegen, immer geradeaus bis zur Gundelfinger Straße, diese queren und der Beschilderung folgen

■ **Öffnungszeiten:** April bis Oktober So, Feiertage 13–17 Uhr, für Gruppen, Kindergeburtstage, Schulklassen etc. jederzeit nach Vereinbarung

■ **Preise:** Erwachsene 2 Euro, Kinder (ab 14 Jahren) 1 Euro, Familien 4 Euro

■ **Altersempfehlung:** Ab 4 Jahren

■ **Anschrift:** Schloßstr. 7, 89431 Bächingen a. d. Brenz

■ **Informationen:** Tel. 07325/95 25 83, sekretariat@mooseum.net, www.mooseum.net

Die Donau durchfließt Bayerisch-Schwaben zwischen Neu-Ulm und Donauwörth auf einer Länge von rund 100 Kilometern. Dort hat der zweitlängste Fluss Europas eine einzigartige Landschaft geschaffen. Das »mooseum« möchte vor allem junge Besucher auf die Naturschönheiten des Schwäbischen Donautales aufmerksam machen. Zu diesem Zweck haben der Förderverein »mooseum – Forum Schwäbisches Donautal e. V.« und seine Partner in der ehemaligen Schlossremise in Bächingen eine erlebnisorientierte Dauerausstellung eingerichtet.

Der Gang durchs »mooseum« beginnt im Untergeschoss mit naturgetreuen Ausschnitten der Lebensräume Niedermoor, Hang- und Auwald. Das Obergeschoss stellt zunächst die Pflanzen und Tiere im Donautal vor. Interessant ist das »Angelspiel«. Wir angeln Fische und schauen auf der Rückseite, was wir da an der

Tipp

Weiteres Familienausflugsziel im Landkreis Dillingen: **Schloss Höchstädt** a. d. Donau. Von April bis September finden dort einmal im Monat an einem Sonntag **Themenführungen** statt, z. B. »… Unglaubliches aufgetischt«. Alter 6–10 Jahre, Anmeldung erforderlich, Tel. 09074/95 85-713 (siehe unter www.schloss-hoechstaedt.de).

Vogelbeobachtung unter Anleitung

Schnur haben. Kinder lieben Steine. Im »mooseum« dürfen sie Exponate der im Donautal vorkommenden Arten befühlen. Unser Blick fällt auf ein kleines Loch in der Mitte eines Kästchens. Was sich dahinter wohl verbirgt? Ein kleiner Tipp: Es hat mit Kalkgestein zu tun. Langweilig wird es bei der Ausstellung nie. Immer wieder wartet eine Mitmachüberraschung. Weitere Themen der Ausstellung sind die kulturelle und wirtschaftliche Nutzung des Donautals über die Jahrhunderte hinweg. Eine Oase der Entspannung finden wir im gemütlichen »Epizentrum«.

Im »mooseums-Garten« liegt die heimatkundliche Werkstätte »D'r Saustall« mit »griebiger« Stube und einem bunten Sammelsurium an historischen Möbelstücken, Kleidern, Geschirr, Bildern etc. im Obergeschoss. Und schließlich bietet der Garten selbst viele Möglichkeiten zum Entdecken und Entspannen. Durch ein Weidentor betreten wir einen kleinen Barfußpfad und treffen auf »lustige« Möbelstücke. Am Biotop mit Brücke und Kiesfläche finden Kinder viele, viele Steine zum »NATUeRlich«-spielen.

Der Besuch des »mooseums« lässt sich wunderbar verbinden mit einer Veranstaltung aus dem umfangreichen Jahresprogramm (siehe www.mooseum.net). Das Angebot reicht von Filzkurs über Exkursionen bis hin zu Apfelblütenfesten. Einmal im Monat findet ein Familien-Aktionstag mit Kaffee und Kuchen statt.

44 Ein Museum mal ganz anders!

Das Neu-Ulmer Kindermuseum im »Edwin Scharff Museum«

Das Kindermuseum ist ein echter Geheimtipp. Interaktive Ausstellungen fordern Kinder zum kreativen Spielen, Lernen und Tüfteln auf. Und in den ständigen Kunstausstellungen kann Kunst spielerisch entdeckt werden.

Das Edwin Scharff Museum ist Kinder- und Kunstmuseum in einem – und ein Ort vielfältiger Erlebnisräume. Das Kindermuseum in der zweiten und dritten Etage zeigt im jährlichen Rhythmus Ausstellungen zu verschiedenen Wissensgebieten. Die Themen reichen von Gesellschaft über Kulturgeschichte bis hin zu Naturwissenschaften und sind auf die unterschiedlichen Bedürfnisse von Kindern und Jugendlichen ausgerichtet. Das Besondere daran: Die jungen Besucher sind aufgefordert, die Themen mit

■ **Anfahrt:** In Neu-Ulm der Beschilderung »Museen am Petrusplatz« folgen, Parkmöglichkeit in der Tiefgarage direkt unter dem Museum, Achtung: Das Museum nicht verwechseln mit dem Edwin-Scharff-Haus

■ **Öffnungszeiten:** Di, Mi 13–17 Uhr, Do–Sa 13–18 Uhr, So 10–18 Uhr, 1. Januar, 1. Mai, 3. Oktober, 1. November, 25. Dezember 13–18 Uhr, 6. Januar, Ostersonntag und -montag, Christi Himmelfahrt, Pfingstsonntag und -montag, Fronleichnam, 15. August, 26. Dezember 10–18 Uhr, geschlossen: Montag, Rosenmontag, Faschingsdienstag, Karfreitag, 24. und 31. Dezember

■ **Preise:** Erwachsene 5 Euro, Kinder bis 14 Jahre frei, Jugendliche (15–18 Jahre) 1 Euro, Familienkarte (zwei Erwachsene mit Kindern) 9 Euro

■ **Altersempfehlung:** Ab 3 Jahren

■ **Führungen:** Tel. 0731/972 63 18 oder über Website

■ **Anschrift:** Petrusplatz 4, 89231 Neu-Ulm

■ **Informationen:** Tel. 0731/972 61 80, esm@stadt.neu-ulm.de, www.edwinscharffmuseum.de

■ **Einkehr:** Cafés und Restaurants in nächster Nähe

allen Sinnen spielerisch zu begreifen. Berühren und berührt werden ist hier ausdrücklich erlaubt. Um zu lernen, sollen Kinder anfassen, ausprobieren, eingreifen, tüfteln und interaktiv handeln. Bisherige Ausstellungen: »Achtung Familie!« (FEZ Berlin) und »Ganz weit weg und doch so nah« (Labyrinth Kindermuseum Berlin) mit Verkleiden, Frisieren, Wasser tragen auf dem Kopf, Errichten von Bauwerken aus Riesenröhren, Seilen, Decken und Bastmatten und noch viel mehr.

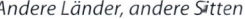

Andere Länder, andere Sitten

Das Kindermuseum ist ein Ort für die ganze Familie. Es bietet allen Generationen übergreifende Unterhaltung. Eltern können so richtig entspannen, da die Kleinen gut aufgehoben sind. Die Kinder selbst knüpfen viele soziale Kontakte. Das Neu-Ulmer Kindermuseum ist übrigens das erste und bislang einzige kommunale Kindermuseum in Bayern und das einzige eigenständige Kindermuseum im süddeutschen Raum, das an ein Kunstmuseum angegliedert ist.

Im Erdgeschoss des Altbaus befindet sich die ständige Sammlung zu Edwin Scharff (1887–1955), der in Neu-Ulm geboren wurde, und im ersten Stock des Neubaus die von Ernst Geitlinger (1895–1972), einem Vorreiter der abstrakten Kunst in Deutschland. Für Kinder gibt es Mitmachzonen und einen Impulsraum. Diese Bereiche bringen die Kunst der beiden auf unterhaltsame und kurzweilige Weise näher. So können kleine Künstler beispielsweise ein Kunstwerk von Geitlinger nachbauen und im Impulsraum mit vorgegebenen Formen und Farben eigene Kunstwerke auf Magnettafeln zaubern. Im Farbzelt erfahren sie, welche Farben ihnen guttun, und welche sie »kalt« lassen. Schließlich vermitteln Werkstattangebote die Inhalte der Ausstellung sowie künstlerische Fertigkeiten und Techniken.

Ein tolles Museum, von dem man nicht genug bekommt.

45 Begegnung der besonderen Art

Schildkröten- und Reptilienzoo Neu-Ulm

»Klein aber fein«, so präsentiert sich der privat geführte Schildkröten- und Reptilienzoo in Schwaighofen am Südrand von Neu-Ulm. Exotische Tiere aus aller Welt bringen uns zum Staunen.

■ **Anfahrt:** Autobahn A 7, Ausfahrt Nersingen, auf der B 10 in Richtung Neu-Ulm, nach ca. 5,2 Kilometern links auf die Otto-Renner-Straße abbiegen, im ersten Kreisverkehr die zweite Ausfahrt und im zweiten Kreisverkehr die erste Ausfahrt nehmen, nach ca. 200 Metern gleich nach dem Bahnübergang links in den Brunnenweg abbiegen und Hinweisschildern folgen, Parkplätze vor dem Zoogebäude

■ **Öffnungszeiten:** Täglich 10–18 Uhr

■ **Preise:** Erwachsene 4 Euro, Kinder 2 Euro, Familien 10 Euro, Gruppen ab 10 Personen 3 Euro

■ **Altersempfehlung:** Ab 2 Jahren

■ **Anschrift:** Brunnenweg 46, 89231 Neu-Ulm/Schwaighofen

■ **Informationen:** Tel. 0731/985 59 90, info@schildkroeten-zoo.de, www.schildkroeten-zoo.de

Vom Parkplatz aus sieht das Zoogebäude unspektakulär aus. Nur die grüne T-Rex-Statue am Eingang lässt Ungewöhnliches vermuten. Wenn wir weitergehen, passieren wir die ersten lebenden Tiere. In einem kleinen Gehege tummeln sich große und kleine Meerschweinchen. Als wir kurze Zeit später im Gebäude stehen, finden wir uns in einer erstaunlichen und faszinierenden Tierwelt wieder.

Karl-Heinz Wogrin und Klaus-Dieter Link eröffneten den Privatzoo an Ostern 2006. Die beiden Besitzer haben sich damit einen lang gehegten Traum erfüllt. In ihrem Minizoo gibt es rund 70 verschiedene Arten der insgesamt 378 weltweit bekannten Land- und Wasserschildkröten-Arten. Damit ist der Zoo im Umkreis von 300 Kilometern einmalig. Darüber hinaus zeigt er ei-

Tipp

Wer von weiter weg kommt, sollte den Zoobesuch mit einer anderen Tour kombinieren (z. B. Wonnemar Freizeitbad). Denn sonst ist der Anfahrtsweg für etwa eine Stunde Zoobesichtigung fast zu lange.

Auf Tuchfühlung mit einer Riesenschildkröte

nen Kaiman, Riesenschlangen und Nattern. Aus der Familie der Echsen sind Warane, Leguane, Basilisken, Geckos und Skinke zu bewundern. Eindrucksvoll präsentieren sich die riesigen Achatschnecken aus Afrika. Gruselig schön finden wir die verschiedenen Vogelspinnenarten und Skorpione. Aber keine Angst, sie sind sicher hinter Glas. Darüber hinaus können wir Fische, Frösche sowie Fang-, Stab- und Dornschrecken bestaunen. Schließlich leben neben den Meerschweinchen noch weitere Kleinsäuger im Minizoo, nämlich Streifen-, Zwerg- und Stachelmäuse.

Die Tiere sind in einem alten Stallgebäude untergebracht, das die beiden Exotenliebhaber in mühsamer Arbeit umgebaut und mit zahlreichen Terrarien und Aquarien bestückt haben. Eine ganze Reihe der ausgestellten Tiere hat hier ein neues Heim gefunden, nachdem sie ihren ehemaligen Besitzern zu viel wurden. Einzigartig ist die Artenvielfalt auf so kleiner Fläche. Alle Tiere sind mit deutschem und lateinischem Namen sowie Herkunftsland ausgeschildert. Zum Abenteuer wird der Besuch durch die Nähe zu den Tieren. Einige mächtige Schildkrötenexemplare lassen sich sogar streicheln – in welchem großen Zoo gibt's denn so was?

Keinen Platz im Gebäude fand das imposante Kamel. Zusammen mit Ziegen, Enten, Gänsen und Hühnern hat es sein Zuhause auf dem Freigelände im Innenhof.

46 Spiel und Spaß hoch drei

»Jimmy's Fun Park« in Dasing

Auf einen Lava speienden Vulkan klettern, mit den Wasserscootern Rennen fahren, an der T-Wall seine Reaktion testen und, und, und – all das bietet der beliebte Indoor-Spielplatz »Jimmy's Fun Park«.

Bei schlechtem Wetter sind Hallenspielplätze der ideale Ort, um nach Herzenslust zu toben. Vor allem, weil nicht nur die Kinder, sondern auch die Eltern auf ihre Kosten kommen. Auf einer Spielfläche von 2800 Quadratmetern warten in »Jimmy's Fun Park« viele spannende Attraktionen. Mit ABS-Socken an den Füßen dürfen Groß und Klein sie gleichermaßen benutzen. Man kann es sportlich aktiv oder eher gemütlich angehen. Die Sportlichen haben die Wahl zwischen dem Kletter-Vulkan, der sechs Meter in die Höhe ragt, dem Kletter-Dschungel mit Wellenrutsche und der Soft-Kletterwand mit netten Tiermotiven. Bei der T-Wall sind Reaktionsgeschwindigkeit und Ausdauer gefragt, denn die Spieler müssen aufblinkende Lichter möglichst schnell berühren.

Gemütlicher ist eine Fahrt mit dem Orient-Express-Zug. Im Halbstundentakt dreht er in einer Zauberlandschaft seine Runden. Wer Lust auf ein spannendes Wettrennen hat, geht zum Wasserscooterbecken oder zur Elektrokart-Bahn. Hierfür sind Chips erforderlich. Zwei sind im Eintrittspreis inklusive, weitere können jederzeit nachgekauft werden.

Für Vergnügen sorgen außerdem eine 6-Bahn-Minigolfanlage, Tischtennisplatten, Mini-Airhockey, Mini-Bagger zum Bälle schaufeln und Billardtische.

■ **Anfahrt:** Autobahn A 8, Ausfahrt Dasing, in Richtung Dasing, nach den Kreisverkehren an der ersten Ampel links und dann nach einigen Metern gleich wieder links auf den großen Parkplatz abbiegen
■ **Öffnungszeiten:** Mo–Fr 14–19 Uhr, Sa, So 10–19 Uhr, Ferien, Feiertage 10–19 Uhr (Pfingst- und Sommerferien 10–21 Uhr)
■ **Preise:** Erwachsene 5 Euro, Kinder (2–17 Jahre) 7 Euro, ab 17 Uhr halber Eintrittspreis
■ **Altersempfehlung:** 1–13 Jahre
■ **Ausrüstung:** ABS-Socken
■ **Anschrift:** Laimeringer Str. 1, 86453 Dasing
■ **Informationen:** Tel. 08205/96 94 92, info@jimmys-funpark.de, www.jimmys-funpark.de
■ **Einkehr:** Gastronomie vor Ort

Der Kleinkinderbereich für die Altersgruppe der 1- bis 6-Jährigen bietet verschiedene Motorik- und Reaktionsspiele, Minirutschen, Baden im Ballpool, Softspielsachen und Riesen-Legos.

Weitere Indoor-Spielplätze:

■ **Kikimondo**, Heidenheimer Straße 64, 89312 Günzburg, Tel. 08221/ 204 73 65, www.kikimondo.de. Tolles Ambiente: Kraken, Tropenfische und Anemonen an den Wänden erinnern an eine bunt schillernde Unterwasserwelt. Dazwischen befinden sich Spielgeräte – riesige Hüpfburgen, eine Piratenburg, ein Hochseilgarten, der Kleinkinderbereich etc.

■ **TIGALAND**, Bergiusstr. 5, 86199 Augsburg, Tel. 0821/543 39 26. Dschungel-Labyrinth mit allerlei Hindernissen und einer großen Rutschbahn, Hüpfburgen, Tiger-Snappy, Trampolin, Kleinkinderbereich etc.

■ **Wichtelland Burgau**, Haldenwanger Str. 60, 89331 Burgau, Tel. 08222/ 41 31 33, www.wichtelland-burgau.de. Für Kinder: Wabbelberg, Hüpfburgen, 2-Etagen-Klettergerüst, Autoparcours etc. Für Kleinkinder: Kinderkarussell, Spielzeug, Kinderpartyboxen. Für Eltern gratis(!): Tischtennis, Billard, Riesenkicker.

Vulkanbesteigung in »Jimmy's Fun Park«

47 Fürst der Wälder

Erlebniswelt Bayerischer Hiasl auf Gut Mergenthau bei Kissing

Vom Hütebuben, Jagdhelfer und Wilderer zum Räuberhauptmann – das ist die Lebensgeschichte des Bayerischen Hiasl. Das Räubermuseum auf Gut Mergenthau erzählt von seinen Taten und Untaten sowie seinem tragischem Ende.

■ **Anfahrt:** Autobahn A 8, Ausfahrt Friedberg, in Richtung Friedberg, an der nächsten Ampel geradeaus und weiter nach Ottmaring, von dort in Richtung Kissing, Gut Mergenthau liegt rechter Hand auf halber Strecke nach Kissing

■ **Öffnungszeiten:** Mai bis Oktober Sa 14–18 Uhr, So 13–18 Uhr

■ **Preise:** Erwachsene 3,50 Euro, Kinder (9–14 Jahre) 2 Euro, Familienkarte 7 Euro

■ **Altersempfehlung:** Ab 8 Jahren

■ **Führungen:** Jederzeit nach Voranmeldung unter Tel. 08233/64 75

■ **Anschrift:** Gut Mergenthau 1, 86438 Kissing

■ **Informationen:** Regio Augsburg Tourismus GmbH, Tel. 0821/502 07-0, tourismus@regio-augsburg.de, www.regio-augsburg.de/hiasl

■ **Einkehr:** »Reiterstüberl« Mergenthau

Liebhaber von Räubergeschichten fühlen sich hier bestimmt wohl. Die Dauerausstellung »Der Bayerische Hiasl« im ehemaligen Ökonomiegebäude von Gut Mergenthau hat das Leben des Räubers sowie die damalige Zeit authentisch in Szene gesetzt. Der Ort für das Museum ist gut gewählt. Es liegt im Wald und lässt Räuberstimmung aufkommen.

Zunächst einige Fakten: Das Leben des 1736 in Kissing geborenen Bayerischen Hiasl alias Matthäus Klostermayr beginnt unspektakulär. Nach armer Kindheit und Jugend kommt er 1753 als Jagdhelfer zu den Jesuiten auf Gut Mergenthau. Ein harmloser Faschingsscherz kostet ihn die Anstellung. Er wird Knecht und geht nebenbei dem Wildern nach. Klostermayr verkauft das gewilderte Fleisch zu günstigen Preisen oder verschenkt es. In einer Zeit mit Hungersnöten und Missernten ist die arme Landbevölkerung besonders dankbar und verehrt ihn als »bayeri-

Tipp
Hiasl-Weg rund um Kissing: Die sechs Kilometer lange Wanderung eignet sich auch für kleine Kinder und Fahrrad. Mehr dazu unter www.bayerische-hiasl.de/hiaslweg.html.

Der »Hias« hatte ein Herz für die Armen

schen Robin Hood«. Doch es bleibt nicht beim Wildern. Es kommen Raub-
überfälle und sogar Mord hinzu. Der inzwischen zum Räuberhauptmann
aufgestiegene Hiasl plündert und raubt mit seiner Bande immer häufiger
bei Pfarrern und Beamten. Um ihn und seine Bande zu fassen, wird das
Militär eingesetzt. 1771 erfolgt seine Festnahme und anschließend seine
Hinrichtung.

Acht Themeninseln zwischen Wald und Blutgerüst zeigen Episoden und
Stationen seines Lebens. Beispielsweise laufen wir plötzlich durch einen
Wald, in dem die Räuberbande ihr Lager am lodernden Feuer aufge-
schlagen hat. Ein großes Diorama mit Zinnfiguren stellt das Gefecht vor
der Festnahme dar. Ausgestellte Möbel, Geschirr und Gewänder geben
Einblick in das Leben im 18. Jahrhundert. Der Hiasl selbst ist als lebens-
große Puppe an einem Tisch sitzend dargestellt. Viele Bilder, Skizzen und
Schriftstücke, darunter Zeitungsausschnitte und das Fahndungsplakat,
das die Straftaten des Hiasl auflistet, führen uns in die damalige Zeit. Besonders interessant ist die Verlesung seines Todesurteils sowie die Darstellung seiner Hinrichtung vor der Donaubrücke in Dillingen mittels Dia-
Projektion. Kurzweilig wird der Besuch durch Hörspiele, Puppentheater
und 3-D-Filme.

*Badevergnügen im
Nördlinger Freibad*

Schwimmbäder und Badeseen

48 In der Trichterrutsche kreiseln

Die Titania-Therme in Neusäß bei Augsburg

Im Erlebnisbad Titania liegen geheimnisvolle Grotten, ein gestrandetes Piratenschiff und rasante Rutschen dicht beieinander. Voller Spannung tauchen wir ein in die Meeresabenteuerwelt.

Alle Achtung! Das Erlebnisbad Titania ist riesig, sozusagen titanisch. Die rund 1000 Quadratmeter große Wasserfläche, eingebettet in eine verwinkelte Felsenlandschaft, hat für jeden Geschmack was zu bieten. Eine 120 Meter lange Achterrutsche mit bunten Lichteffekten und starken Kurven verspricht ebenso wie die Trichterrutsche eine flotte Rutschpartie. Ein besonderes Erlebnis ist das Süßwasseraquarium in einer der Grotten. Es zeigt eine faszinierende Unterwasserwelt mit farbenprächtigen afrikanischen Fischen.

Die kleinen Wassermäuse kommen in den flachen Plansch- und Kinderbecken mit Minirutschen und Wasserspielzeug, im Sandkasten und am Spielplatz auf ihre Kosten. Wer es gemütlich mag, lässt sich im Strömungskanal treiben oder genießt die Sprudelliegen und Massagedüsen.

■ **Anfahrt:** Autobahn A 8, Ausfahrt Neusäß, in Richtung Neusäß, im ersten Kreisverkehr die zweite Ausfahrt und im zweiten Kreisverkehr ebenfalls die erste Ausfahrt auf die St 2032 nehmen und rechts in die Birkenallee abbiegen

■ **Öffnungszeiten:** Täglich 9.30–23 Uhr

■ **Preise:** Erwachsene 2 Std. 12,50 Euro, 4 Std. 15 Euro, Tageskarte 18 Euro, Kinder (4–15 Jahre) 2 Std. 8 Euro, 4 Std. 10,50 Euro, Tageskarte 13,50 Euro, Familienkarte (2 Erwachsene, 1 Kind) 4 Std. 33 Euro, Tageskarte 40,50 Euro, Aufpreis für Sauna

■ **Anschrift:** Birkenallee 1, 86356 Neusäß

■ **Informationen:** www.titaniatherme.de

Und jetzt gleich noch mal rutschen!

Königliches Badevergnügen

49

Die Königstherme in Königsbrunn

Seesternchenland für die Kleinen, Erlebnisrutschen für die Großen. In der Königstherme hat die ganze Familie ihren Spaß.

Es fühlt sich an wie Urlaub, als wir die Therme betreten. Wir lassen den Alltag Alltag sein und stürzen uns ins Vergnügen. Die Kleinen planschen freudig im südländisch gestalteten Seesternchenland. Das Toben an der kleinen Rutsche, am Springbrunnen und am Wasserfall macht einen Heidenspaß. Mal sehen was passiert, wenn man die Pumpen am Mühlrad oder am Fisch betätigt.

Action und Spaß haben die Großen an den Wasserkanonen und den drei Erlebnisrutschen. Wir rutschen auf der Turborutsche mit 60 Metern, der 100 Meter langen »Black-Hole-Rutsche« und der 80-Meter-Familienrutsche und kriegen gar nicht genug. Nach dieser aufregenden Rutschpartie ist uns nach Entspannung. Die finden wir im herrlichen Freiluftbecken mit Strömungskanal, Geysiren und Wasserfallwand.

■ **Anfahrt:** Autobahn A 3, Ausfahrt Augsburg-West, auf der B 17 in Richtung Landsberg, bei Ausfahrt Königsbrunn-Nord abfahren und den Hinweisschildern folgen
■ **Öffnungszeiten:** Täglich 9.30–23 Uhr
■ **Preise:** Erwachsene 2 Std. 12,50 Euro, 4 Std. 15 Euro, Tageskarte 18 Euro, Kinder (4–15 Jahre) 2 Std. 8 Euro, 4 Std. 10,50 Euro, Tageskarte 13,50 Euro, Familienkarte (2 Erwachsene, 1 Kind) 4 Std. 33 Euro, Tageskarte 40,50 Euro, Aufpreis für Sauna/Sole
■ **Anschrift:** Königsallee 1, 86343 Königsbrunn
■ **Informationen:** www.koenigstherme.de

Im Whirlpool hat man gut lachen!

50 Durch Strudel und wilde Wasser

Das Nautilla in Illertissen

Badenixen und Wassermänner fühlen sich hier pudelwohl. Vor allem die ganz Kleinen, denn im Freizeitbad Nautilla ist der Kleinkinderbereich besonders hübsch gestaltet.

■ **Anfahrt:** Autobahn A 7, Ausfahrt Illertissen, in Richtung Laupheim, Hinweisschildern folgen

■ **Öffnungszeiten:** Mo–Mi, Sa 9–22 Uhr, Do, Fr 9–23 Uhr, So, Feiertage 9–21 Uhr, 31. Dezember 9–16 Uhr, 1. Januar 11–21 Uhr

■ **Preise:** Erwachsene 1 Std. 4 Euro, 2 Std. 5,50 Euro, 3 Std. 6,50 Euro, 4 Std. 7,50 Euro, Tageskarte 9 Euro, Kinder (ab 7 Jahren) 1 Std. 3,50 Euro, 2 Std. 4,50 Euro, 3 Std. 5,50 Euro, 4 Std. 6,50 Euro, Tageskarte 8 Euro, Familienkarte ab 14 Euro für 2 Std. bis 20 Euro für Tageskarte, Minifamilienkarte ab 9 Euro für 2 Std. bis 14 Euro für Tageskarte, Aufpreis für Saunaland

■ **Anschrift:** Gottfried-Hart-Str. 6, 89257 Illertissen

■ **Informationen:** Tel. 07303/90 22 71, www.nautilla.com

Mit dem Zielbecken der 52 Meter langen, überdachten Wasserrutsche stehen im Nautilla insgesamt sieben Becken zur Verfügung. Als Erstes zieht es uns ins Erlebnisbecken. Dort lassen wir uns im Illerstrudel durchs Wasser treiben und stellen uns unter den tosenden Wasserfall.

Im Kleinkinderbecken haben die Kleinen z. B. an der Elefantenrutsche und dem Spieleboot ihre wahre Freude. Das 1,35 Meter tiefe Nichtschwimmerbecken mit Kinderrutsche eignet sich gut für Schwimmanfänger. Kuschelig ist es im Warmbecken. Daneben gibt es noch das Schwimmbecken und das Solebecken im Außenbereich mit Luftsprudelliegen. Eltern entspannen im Saunaland mit Bioteich.

Eines von vielen Attraktionen im Kleinkinderbecken

Crazy River und Black Hole

51

Das Wonnemar in Neu-Ulm

Wir rutschen, was das Zeug hält. In der abwechslungsreichen Rutschenanlage im Erlebnisbad Wonnemar findet jeder seine Lieblingsstrecke.

Lustiges Wellenreiten

Welche Rutsche nehmen wir zuerst? Unsere Wahl fällt auf die breite Familienrutsche, die wir Seite an Seite hinabsausen. Wir werden mutiger und gehen zur »Black-Hole-Rutsche«. Begleitet von Regenbogenlichtern, Gewitterblitzen und Meteoritenhagel jagen wir durch eine dunkle Röhre 108 Meter in die Tiefe. Wir fühlen uns nahezu schwerelos. Danach testen wir Rutsche Nummer drei, die Erlebnisrutsche, und schließlich noch die Crazy-River-Reifenrutsche.

Im »Wonniland« mit Rutsche, Spielburg, Wasserfällen, Wasserspritze und Wasserkanone sind die ganz Kleinen bestens aufgehoben. Wer Meeresfeeling sucht, wird im großen Abenteuer-Wellenbecken fündig. Stündlich gibt es dort bis zu einem Meter hohe Wellen.

■ **Anfahrt:** Autobahn A 8, Ausfahrt Ulm-West und auf der B 10 in Richtung Ulm/Friedrichshafen einfädeln, Ausfahrt Neu-Ulm/Stadtmitte, bei Gabelung rechts halten, Schildern nach Wiblingen folgen und die Wiblinger Straße nehmen
■ **Öffnungszeiten:** Oktober bis April Mo–Do 10–22 Uhr, Fr–So 9–23 Uhr, Mai bis September So–Do 10–21 Uhr, Fr, Sa 10–22 Uhr
■ **Preise:** Erwachsene 1,5 Stc. 8,50 Euro, 3,5 Std. 10,50 Euro, Tageskarte 12,50 Euro, Kinder (4–15 Jahre) 1,5 Std. 6,50 Euro, 3,5 Std. 8,50 Euro, Tageskarte 10,50 Euro, Familienkarte 3,5 Std. 29,50 Euro, Tageskarte 39,50 Euro, Aufpreis für Saunawelt
■ **Anschrift:** Wiblinger Str. 55, 89231 Neu-Ulm
■ **Informationen:** Tel. 0731/985 99-0, www.wonnemar.de

52 Chlorfrei baden!

Natur- und Flussfreibäder in der Region

Für alle, die ohne Chlor in natürlicher Umgebung baden wollen, dabei aber nicht auf die Infrastruktur eines Freibades verzichten wollen, sind Naturfreibäder der ideale Badeort.

Donau-Ries

■ **Wörnitz-Flussfreibad** in 86732 Oettingen beim Parkplatz »Schießwasen«, www.oettingen.de. Eines der letzten Flussbäder Bayerns liegt auf einer Insel in der Wörnitz. Innerhalb des Badegeländes gibt es Plätze zum Spielen von Fußball, Boule, Indiaca, Beachvolleyball oder Tischtennis, ein Planschbecken und eine Matschanlage sowie einen Kahnverleih. Außerhalb des Geländes befinden sich ein Damwildgehege, eine Minigolf- und eine Kneippanlage. Der alte Baumbestand spendet auf der großen Liegewiese ausreichend Schatten.

■ **Freibad Waldsee Wemding**, Wolferstädter Str. 100, 86650 Wemding, www.campingpark-waldsee-wemding.de. Für Riesen-Badespaß sorgt die 71 Meter lange Wasserrutsche. Ins Wasser springen kann man vom Sprungbrett, vom Steg oder von der Schwimminsel. Im See gibt es einen abgetrennten Nichtschwimmerbereich.

Augsburg und Umgebung

■ **Naturfreibad Fischach**, Schmutterweg 6, 86850 Fischach, www.naturfreibad-fischach.de. Das aus Naturstein gebaute Bad umfasst ein großes Becken mit Sprungfelsen und abgetrenntem Nichtschwimmerbereich sowie ein Kleinkinderbecken. Ein Hingucker ist die künstliche Grotte. Die Becken sind mit Leitungswasser gefüllt und werden durch ein natürliches System von Mikroorganismen, ganz ohne Chlor, biologisch gereinigt.

■ **Naturfreibad Haunstetten**, Postillionstr. 1, 86179 Augsburg, www.naturfreibad-haunstetten.de. Das Freibad besteht aus einem Badesee mit Nichtschwimmerbereich und Insel, auf der sich ein Kinderspielplatz befindet. Außerdem sind ein Beachvolleyballfeld, eine Spielwiese sowie eine Boccia-Bahn vorhanden. Anfang Juli findet alljährlich ein Seefest statt.

Günzburg

■ **Naturfreibad Thannhausen**, Badstr. 7, 86470 Thannhausen, www.vg-thannhausen.de. Der ehemalige Baggersee verfügt über Sprungbretter, Volleyballfeld, Basketballkorb sowie Tischtennisplatten.

■ **Flussbad an der Günz**, Günztalstr. 10, 89335 Ichenhausen, www.ichen-hausen.de. Neben dem Baden und Planschen in der Günz stehen ein be-heiztes Nichtschwimmerbecken mit Wasserrutsche sowie ein Planschbe-cken zur Verfügung. Sportlich betätigen kann man sich an den Tischtennisplatten, auf dem Beachvolleyball- oder Badmintonfeld und im Handballtor.

Naturfreibad Haunstetten mit »Reggae Reptile«

53 Seensucht stillen!

Badeseen in der Region

Ein Tag am See ist wie ein kleiner Urlaub zwischendurch. Hier darf nach Herzenslust geplanscht, gemanscht und gebuddelt werden, und kleine Kapitäne können sich auf große Fahrt begeben. Aufgrund der hohen Zahl können an dieser Stelle nicht alle Badeseen in der Region erwähnt werden. Dennoch möchten wir einige herausgreifen. Besonders viele schöne Badeseen liegen in der Dillinger Seenlandschaft.

Donau-Ries

■ **Burgwörthsee** bei 86660 Tapfheim; liegt im Naherholungsgebiet an der Donau, große Liegewiese, schöne Spielstellen für Kinder.

■ **Baggersee Riedlingen** bei 86609 Riedlingen; beliebter Badefleck, entstanden durch die Rekultivierung mehrerer Kiesgruben.

Auch toll: Neuhofer See bei Gundelfingen

Augsburg und Umgebung

■ **Friedberger Baggersee** bei 86316 Friedberg; für Kinder eigener Strand, Wasserskilift.

■ **Ilsesee** bei 86343 Königsbrunn; schöner Badesee am westlichen Auwald Lechebene, toller Spielplatz.

■ **Rothsee** bei 86441 Zusmarshausen; in reizvoller Landschaft gelegener, von der Roth gespeister See mit Kinderplanschbecken.

Günzburg

■ **Oberrieder Weiher** bei 86488 Breitental; flächenmäßig größter See in der Region, vielfältige

Freizeitmöglichkeiten, extra Kinderbucht, schwimmende Holzinseln.

■ **Erdbeersee** bei 89312 Günzburg; wunderschöner, ruhiger See mit sehr guter Wasserqualität.

Dillingen
■ **Wagerseen** bei 89438 Holzheim; drei Baggerseen, Sandspielplätze, Pizzeria mit Biergarten, mobiler Eisverkauf.

■ **Auwaldsee** bei 89415 Lauingen; naturnaher See mit Schwimmer- und Naturschutzzone, 5 Kilometer langer Naturlehrpfad entlang des Sees.

■ **Gartnersee** bei 89423 Gundelfingen; abgegrenzte Nichtschwimmer-zone, Sprungtürme, Startblöcke.

■ **Wünschseen** bei 89423 Gundelfingen; kleiner, verträumter See inmitten eines alten Baumbestands.

Neu-Ulm
■ **Badesee Au** bei 89257 Illertissen; sauberer Badesee mit Schwimmin-seln und zahlreichen Sportmöglichkeiten.

■ **Sendener Waldsee** bei 89250 Senden; sehr großer See mit Insel in der Mitte, viel Platz zum Schlauchbootfahren.

■ **Vöhringer Badesee** bei 89269 Vöhringen; kleiner, sehr sauberer Bade-see mit kleinem Spielplatz.

■ **Pfuhler Badesee** bei 89233 Pfuhl; schöner, im Wald gelegener Badesee.

Aichach-Friedberg
■ **Mandichosee** bei 86504 Merching; Stausee an der Lechstaustufe 23 mit zwei Badestränden, vielfältige Freizeitmöglichkeiten.

■ **Weitmannsee** bei 86438 Kissing; eigener kleiner See für Kinder, viele Sandbänke.

■ **Aindlinger Baggersee** bei 86447 Aindling; mehr als 15 Baggerseen lie-gen unmittelbar daneben.

■ **Radersdorfer Baggersee** bei 86556 Kühbach; an der Paar gelegen, Mi-nigolfanlage neben dem See.

54 Ohne Dach überm Kopf

Freibäder in der Region

Bei sommerlichen Temperaturen locken Freibäder mit tollen Wasserattraktionen wie Riesenrutsche und Sprungturm. Und die Kleinen können sich im Planschbecken mit Wasserpilz, Schiffchenkanal und Co. vergnügen. Hier folgt eine Auswahl an erlebnisreichen »Open-Air-Bädern«. Weitere Infos stehen unter den jeweils angegebenen Webseiten.

Donau-Ries

■ **Freibad Nördlingen**, Marienhöhe 11, 86720 Nördlingen, www.noerdlingen.de; reizvolle Lage neben dem Landschaftsschutzgebiet Marienhöhe und mit weitem Blick auf das südliche Ries. 60-Meter-Riesenrutsche, Breitrutsche, Sand- und Matschbereich, Schwimmer-, Nichtschwimmer-, Sprung- und Planschbecken.

■ **Freibad Donauwörth**, Sternschanzenstraße, 86609 Donauwörth, www.donauwoerth.de; liegt auf dem Schellenberg und gewährt tolle Aus-

Flotte Rutschpartie!

Sprung ins kühle Nass

blicke auf die Stadt, Sport-, Sprung-, Nichtschwimmer- und Planschbecken, große und kleine Wasserrutsche.

Augsburg und Umgebung

■ **Gerfriedswelle,** Sportallee 24, 86368 Gersthofen, www.gersthofen.de; Sportbecken mit Sprungturm, 900 Quadratmeter großes Wellenbecken, Erlebnisbucht mit Wasserfall und Wildwasserkanal, Kinder-Wasserwelt, Großwasserrutsche.

■ **Freibad Bärenkeller,** Oberer Schleisweg 15, 86156 Augsburg, www.augsburg.de; Schwimmer-, Nichtschwimmer- und Planschbecken mit Wasserattraktionen, Breit- und Großwasserrutsche.

■ **Familienbad,** Schwimmschulstraße 5, 86153 Augsburg, www.augsburg.de; Schwimmer-, Plansch- und Nichtschwimmerbecken mit Erlebnisbereichen, riesige Rutschanlage.

Natursteinbecken im »SunSplash« Meitingen

■ **Spickelbad/Fribbe,** Siebentischstr. 4, 86161 Augsburg, www.augsburg.de; ca. 300 Meter lange Schwimmstrecke im Lechkanal mit Wasserfall, Kinderplanschbecken, kombinierter Badebetrieb mit dem angrenzenden Hallenbad.

■ **Freibad Aquamarin,** Parkstr. 3–5, 86399 Bobingen, www.stadt-bobingen.de; Schwimmerbecken, Sprungturm, 50-Meter-Rutsche, Erlebnisbecken mit Strömungskanal, Wasserpilz und Sprudelliegen, schön angelegtes Kinderplanschbecken mit Qualle, Rutsche, Schiffchenkanal und Wasserigel.

■ **Städtisches Warmwasserfreibad Schwabmünchen,** Badstr. 21, 86830 Schwabmünchen, www.schwabmuenchen.de; Schwimmbecken, Freizeitbecken mit 58 Meter langer Rutsche, Wildwasserkanal und Luftsprudler, Planschbecken mit Rutsche und Wasserpilz.

■ **Freibad »SunSplash« Meitingen,** Hauptstr. 56, 86405 Meitingen, www.markt-meitingen.de; wunderschönes Planschbecken aus Natursteinen mit Schiffchenkanal, Wasserspeier und -glocke, Freizeitbecken mit

Strömungskanal, Wasserpilz und knapp 70 Meter langer Rutsche, Schwimmer- und Sprungbecken.

Günzburg

■ **Waldbad Günzburg,** Ulmer Str. 64, 89312 Günzburg, www.stadtwerke-guenzburg.de; schön gelegen im Auwald direkt neben der Donau, Schwimmer-, Nichtschwimmer- und Planschbecken, Sprungturm, zwei Wasserrutschen.

■ **Freibad Krumbach,** Raunauer Str. 36, 86381 Krumbach, www.stadt-krumbach.de; Schwimmbecken mit Sprunganlage, Erlebnisbecken mit Rutsche, Planschbecken.

■ **Gsundbrunnenbad Burgau,** Badstraße, 89331 Burgau, www.burgau.de; Schwimmer-, Plansch- und Nichtschwimmerbecken mit zwei Rutschen, Sprungbecken.

Dillingen

■ **Eichwaldbad Dillingen,** Oblatenweg 10, 89407 Dillingen/Donau, www.dillingen-donau.de; liegt direkt an der Donau, Schwimmer-, Nichtschwimmer- und Planschbecken, 50-Meter-Rutsche.

■ **Städtisches Freibad Wertingen,** Am Judenberg, 86637 Wertingen, www.wertingen.de; besonders schön für Kleinkinder: zwei verbundene Planschbecken mit Quellstrom, Wasserpilz, Nackendusche, Wasserigel und Schiffchenkanal, Sportbecken mit Sprungturm und Rutsche.

Neu-Ulm

■ **See- und Hallenbad Senden,** Steinlestr. 12, 89250 Senden, www.stadt-senden.de; Außenbereich mit beheizbarem Nichtschwimmerbecken und einem rund 50 000 Quadratmeter großen Badesee, Schwimmhalle mit Kinderbereich, 80 Meter lange Riesenrutsche.

■ **Freibad Weißenhorn,** Illerberger Straße, 89264 Weißenhorn, www.weißenhorn.de; Schwimmer-, Nichtschwimmer- und Planschbecken, 64 Meter lange Rutsche, Whirlpool, Wasserfall.

Aichach-Friedberg

■ **Freibad Aichach,** Franz-Beck-Str. 3, 86551 Aichach, www.aichach.de; Schwimmerbecken, mehrere Becken für Kinder, Rutschen, Sprungturm.

Mit Dach überm Kopf   55

Hallenbäder in der Region

Wer bei schlechtem Wetter ins nasse Element springen möchte, findet in fast jeder Stadt ein Hallenbad mit mindestens einem Becken. Es würde den Rahmen sprengen, hier alle zu nennen. Nachfolgend sei deshalb nur eine kleine Auswahl von beliebten Familienhallenbädern erwähnt, die mehr als nur ein Schwimmbecken zu bieten haben. Öffnungszeiten, Preise und Angebote sind unter den jeweiligen Webseiten zu finden.

Augsburg und Umgebung

■ **Hallenbad Göggingen**, Anton-Bezler-Str. 2, 86199 Augsburg, www.augsburg.de; Sportbecken, Nichtschwimmerbecken, Baby-Planschbecken, 3-Meter-Sprungturm, Kinderwasserrutsche.

■ **Hallenbad Haunstetten**, Johann-Strauß-Str. 1a, 86179 Augsburg, www.augsburg.de; Schwimmerbecken, Sprunganlage mit 1-, 3- und 5-Meterbrett, Baby-Planschbecken, samstags von 12–17 Uhr Kindernachmittag mit Wasserspielsachen.

■ **Gartenhallenbad Stadtbergen**, Beim Hallenbad 1, 86391 Stadtbergen, www.stadtbergen.de; Schwimmerbecken, Sprunganlage, Kleinkinderbecken, Baby-Planschbecken (Außenanlage: große Liegewiese, zwei Kinderbecken mit Rutschen, Wasserpilz und Wasserfall).

■ **Hallenbad Aquamarin**, Parkstr. 3-5, 86399 Bobingen, www.stadt-bobingen.de; Schwimmerbecken, Nichtschwimmerbecken, Kleinkinderbereich, Whirlpools.

Günzburg

■ **Gartenhallenbad Leipheim**, Günzburger Str. 68, 89340 Leipheim, www.hallenbad-leipheim.de; großes Schwimmerbecken, Kinderbecken, Nichtschwimmerbereich, beheiztes Außenbecken, 82-Meter-Rutsche.

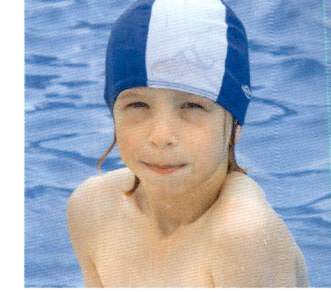

Baden gehen ist immer eine gute Idee.

*In Nördlingen findet alljähr-
lich das Stabenfest statt.*

Feste

56 Feste feiern, wie sie fallen

Feste, Brauchtum und Kinderveranstaltungen in der Region

Ob historische Stadtfeste, Volksfeste, Seefeste, Fastnacht oder Märkte – Kinder haben große Freude an allen möglichen Festivitäten. In den Städten und Ortschaften zwischen Augsburg, Neu-Ulm und Nördlingen finden das ganze Jahr hindurch zahlreiche Feste und Veranstaltungen statt – schwerpunktmäßig in den Monaten Mai bis September. Die folgende Übersicht über besonders erlebnisreiche Feste ist nach den Monaten aufgeführt. Eine genaue Angabe der Termine ist bei den meisten nicht möglich, da sie von Jahr zu Jahr variieren. Wenn vorhanden, wurde bei den einzelnen Veranstaltungen die Internetadresse angegeben, unter der man die genauen Zeitpunkte und weitere Informationen erfährt.

Mittelalterlich gekleidete Kinder balancieren auf einem Balken.

Januar

■ Fastnachtsspiel »Hexenerwecken« in Lauingen, Anfang Januar, www.lauingen.de.

Februar

■ Rosenmontagsumzug und Kinderbrotspeisung in Burgau; angeführt vom »Trommler-Albert« marschieren Kinder von Geschäft zu Geschäft und betteln um Gaben, 400 Jahre alter Brauch, www.burgavia.com.

■ Fastnachtsspiel »Blunzensieden« und »Hexentanz« in Lauingen, www.lauingen.de.

■ Faschingsumzüge, Faschingsfeiern und -märkte in der gesamten Region.

Mit Pfeil und Bogen

März

■ Frühjahrs- oder Osterdult zwischen Jakober- und Vogeltor in Augsburg, findet bereits seit dem Mittelalter statt. Das Pendant ist die Herbstdult im Oktober, www.augsburg-dult.com.

■ Frühjahrsplärrer in Augsburg, Schwabens größtes Volksfest, www.plaerrer-volksfest.de.

April

■ »Dillinger Frühling«, Volksfestvergnügen auf dem Festplatz »Donaupark«, www.dillingen-donau.de.

■ Neu-Ulmer Volksfest auf dem Volksfestplatz Neu-Ulm, Ende April, www.neu-ulm.de.

Mai

■ 30. April/1. Mai: Traditionelles Maibaum-Aufstellen in vielen Ortschaften in der Region.

In historischen Gewändern beim Stadtmauerfest in Nördlingen

■ Stabenfest in Nördlingen, historisches Kinderfest mit buntem Umzug durch die Stadt. Das Stabenfest ist das älteste Kinder- und Frühlingsfest in Deutschland. Die Ursprünge gehen nachweislich bis zum Beginn des 15. Jahrhunderts zurück, www.noerdlingen.de.

■ Historischer Markt in Oettingen, alle zwei Jahre (wieder 2012), www. historischermarkt-oettingen.de.

Juni

■ Nördlinger Pfingstmesse, traditioneller Jahrmarkt mit Verbraucheraus-stellung und Verkaufsständen, www.noerdlingen.de.

■ Donauwörther Inselfest mit dem traditionellen Fischerstechen auf der Wörnitz, alle zwei Jahre (wieder 2012), www.donauwoerth.de.

■ Guntiafest in Günzburg, am letzten Juni-Wochenende, verschiedene Günzburger Vereine sorgen für Unterhaltung mit Eröffnungsfestzug, Hüpfburg, Kasperltheater etc., www.guntiafest.de.

■ Großer Mittelaltermarkt und Ritterturnier auf Kloster Wiblingen, Anfang Juni, www.mittelalter-ulm.de.

■ Wertachbrucker Thor Fest in Augsburg, im Wechsel mit dem Bürgerfest Augsburg, alle zwei Jahre (wieder 2013), buntes Lagertreiben, Kinderat-traktionen, Gaukler etc., www.historisches-wertachbrucker-thor-fest.de.

■ Königsbrunner Gautsch auf dem Volksfestplatz nahe dem Feuerwehr-haus, www.koenigsbrunn.de.

■ Stadtfest Neu-Ulm (»Sendener Frühling«) rund um den Rathaus- und Petrusplatz, www.neu-ulm.de.

Juli

■ Ulmer »Schwörmontag«, am vorletzten Montag im Juli feiert die Bevöl-kerung den Verfassungsfeiertag mit dem »Nabada« auf der Donau – ein lustiges Spektakel mit fantasievollen, witzigen Booten und Flößen sowie Schwimmern, www.nabada.com.

■ Stoffenrieder Weiherfest, am letzten Sonntag im Juli im riesigen Schwan über den idyllischen Dorfweiher schwimmen, www.gemeinde-ellzee.de.

■ Brückenfest auf der Steinernen Brücke in Harburg mit Entenrennen, Bootskorso etc., www.heimatverein-harburg-schwaben.de.

■ Historisches Bürgerfest Augsburg in den Wallanlagen am Roten Tor, alle zwei Jahre (wieder 2012), u. a. mit Ritterturnier, Aufführungen auf der Frei-lichtbühne und Kindernachmittag, www.historisches-buergerfest.de.

■ Historisches Kinderfest in Leipheim, am zweiten Juli-Wochenende, geht auf das Jahr 1818 zurück, Fest zum Dank an eine überstandene Hungersnot, Festumzug und Spiele von Schülerinnen und Schülern, www.leipheim.de.

■ Friedberger Zeit, alle drei Jahre (wieder 2013), historisches Altstadtfest in der Innenstadt, in der Uhrmacherstadt lebt das Barock im 17. und 18. Jahrhundert wieder auf, www.friedberger-zeit.de.

■ »Schwäbischwerder Kindertag-Wochenende« in Donauwörth, alljährlich mit Festumzug, alle zwei Jahre mit großem Historienspiel (wieder 2012), www.donauwoerth.de.

»Meister Friedrich« beim Mittelaltermarkt auf Kloster Wiblingen

■ Scharlachrennen in Nördlingen, Ende Juli, hochkarätige Pferdesportveranstaltung mit sehr langer Tradition (1438 erstmals urkundlich erwähnt), www.csi-noerdlingen.com.

■ Donauwörther Reichsstraßenfest, alle zwei Jahre (wieder 2011), Innenstadt verwandelt sich in Festmeile, im Hof der Stadtbibliothek Kinderprogramm mit Basteln, Schminken, Kindertheater und Spieleaktionen, www.donauwoerth.de.

■ Brücklesfest in Ichenhausen mit extra Vergnügungspark für Kinder, www.sc-ichenhausen.de.

■ Stadtfeste in Aichach (Ende Juli, www.aichach.de), in Höchstädt/Donau (am letzten Wochenende vor den Sommerferien, www.hoechstaedt.de), in Monheim (am dritten Wochenende im Juli, www.monheim-bayern.de), in Rain (zweites Juli-Wochenende, www.rain.de) und in Weißenhorn (am zweiten Juli-Wochenende, www.weissenhorn.de).

August

■ Augsburger Hohes Friedensfest am 8. August, die Augsburger Protestanten feiern seit 1650 alljährlich das Ende ihrer Unterdrückung während des Dreißigjährigen Krieges, www.augsburg.de.

■ Volksfeste in Günzburg (www.guenzburg.de) und Friedberg (www.volksfest-friedberg.de).

■ Herbstplärrer in Augsburg, www.plaerrer-augsburg.de.

September

■ Historisches Stadtmauerfest in Nördlingen, alle drei Jahre (wieder 2013), buntes mittelalterliches Treiben innerhalb der geschlossenen Stadtmauer, samstags Brauchtums- und Folklore-Umzug, sonntags großer Umzug in historischen Gewändern, www.noerdlingen.de.

■ Seit 1526 alljährlich am 29. September findet in Augsburg das traditionelle »Turamichele« statt. Der Erzengel Michael sticht im Takt des Stundenschlags der Uhr am Perlachturm neben dem Rathaus mit seiner Lanze auf den Teufel ein. Die Kinder zählen mit, www.augsburg.de.

Oktober

■ Herbstdult in Augsburg, www.augsburg-dult.com.

November

■ Der älteste Leohardiritt in Bayern findet seit 1457 in Inchenhofen statt, und zwar am Sonntag, der dem 6. November am nächsten liegt, www.pfarrei-inchenhofen.de/leonhardifest.htm.

■ Leonhardiritt in Weißenhorn (einer der größten Reiterumzüge in Schwaben), www.rv-weissenhorn.de.

Dezember

■ Romantische Weihnachtsmärkte in allen Städten und größeren Orten (in Nördlingen und Donauwörth außerdem Krippenweg).

■ Besonders atmosphärische Weihnachtsmärkte in der Bäldleschwaige bei Tapfheim, auf dem Zeughausplatz in Augsburg, in Affing bei Aichach und auf Gut Mergenthau bei Kissing. Mittelalterlicher Weihnachtsmarkt am Jahnufer in Neu-Ulm.

Orts- und Sachregister

Impressum

Unser komplettes Programm:
www.j-berg-verlag.de

Produktmanagement: Kerstin Thiele
Lektorat: Christian Schneider, München
Layout: Eva-Maria Klaffenböck, atelier-luk, München
Kartografie: Heike Boschmann, Computerkartografie Carrle, München
Repro: Repro Ludwig, Zell am See
Herstellung: Anna Katavic
Printed in Italy by Printer Trento S.r.l.

Alle Angaben dieses Werkes wurden von der Autorin sorgfältig recherchiert und auf den aktuellen Stand gebracht sowie vom Verlag geprüft. Für die Richtigkeit der Angaben kann jedoch keine Haftung übernommen werden.

Für Hinweise und Anregungen sind wir jederzeit dankbar. Bitte richten Sie diese an:

J. Berg Verlag in der Bruckmann Verlag GmbH
Postfach 400209
D-80702 München
E-Mail: lektorat@bruckmann.de

Bildnachweis: Alle Bilder stammen von der Autorin, außer: Fam. Balogh/Kahnfahrt, S. 51; Angi Blon/Augsburg, S. 12/13, 34, 50; Dillinger Land e.V., S. 128; Melanie Friedel/Augsburg, S. 133; Fritz Grasberger/Landensberg, S. 51, 52, 53; Thomas Hosemann/Stadtwerke Augsburg, S. 41; Jimmy's Funpark, S. 117; Käthe-Kruse-Museum Donauwörth, S. 89; Kanu-Club Donauwörth, S. 32; Simone Keil/Ulm-Grimmelfingen, S. 137, 140; Königstherme/Königsbrunn, S.123; Michael Leberzammer/Nördlingen, S.136; Markt Meitingen, S. 130, 131; Mooseum/Bächingen a.d. Brenz, S. 111; Naturfreibad Fischach, S. 127; Nautilla/Illertissen, S. 124; Nik Schölzel/Neu-Ulm, S. 113; Regionalmarketing Günzburg, S. 54, 55; Andrea Schneider/Stadtbergen, S. 58, 59, 75; Nadine Schneider/Wallerstein, S. 138; Sascha Schneider/Augsburg, S. 107; Titania-Therme, Neusäß, S. 122; Tourist-Information Nördlingen, S. 15, 17, 120/121, 134/135; Monika Voss/Augsburg, S. 3; Wonnemar/Neu-Ulm, S. 125
Umschlagvorderseite: Im Bayerischen Eisenbahnmuseum in Nördlingen
Umschlagrückseite: Natur- und Barfußpark Landensberg

© 2011 J. Berg Verlag in der Bruckmann Verlag GmbH, München
ISBN 978-3-8246-000-7